Cheryl Richardson

CB134469

Seja dono do seu nariz

Desenvolva sua coragem e entre em ação para realizar seus sonhos

SEXTANTE

Título original: *Stand Up for Your Life*
Copyright © 2002 por Cheryl Richardson
Copyright da tradução © 2007 por GMT Editores Ltda.
Todos os direitos reservados.

A *Lista de valores* que aparece das páginas 52 a 54 foi elaborada pela autora com base no *True Values Program from Coach U* (www.coachu.com) © 1994. Reproduzida com autorização.

tradução
Maria Alice Capocchi

preparo de originais
Alice Dias

revisão
Sérgio Bellinello Soares, Sônia Peçanha

projeto gráfico e diagramação
DTPhoenix Editorial

capa
Silvana Mattievich

pré-impressão
ô de casa

impressão e acabamento
Lis Gráfica e Editora Ltda.

CIP-BRASIL. CATALOGAÇÃO-NA-FONTE
SINDICATO NACIONAL DOS EDITORES DE LIVROS, RJ

R389s Richardson, Cheryl
Seja dono do seu nariz / Cheryl Richardson [tradução de Maria Alice de Fátima Capocchi Ribeiro]. – Rio de Janeiro: Sextante, 2007.

Tradução de: Stand up for your life
ISBN 978-85-7542-316-5

1. Amor-próprio. 2. Auto-realização. 3. Conduta. I. Ribeiro, Maria Alice de Fátima Capocchi. II. Título.

CDD: 158.1
07-1957 CDU: 159.94

Todos os direitos reservados por
GMT Editores Ltda.
Rua Voluntários da Pátria, 45 – Gr. 1.404 – Botafogo
22270-000 – Rio de Janeiro – RJ
Tel.: (21) 2286-9944 – Fax: (21) 2286-9244
E-mail: atendimento@esextante.com.br
www.sextante.com.br

SUMÁRIO

INTRODUÇÃO

DURANTE ANOS VIVI ATORMENTADA por uma insistente voz interior me dizendo que eu precisava fazer algo mais importante na vida. Apesar de ganhar bem e de viver cercada por parentes e amigos, ainda me sentia inquieta e insatisfeita. Havia muitas coisas que eu queria fazer, mas não tinha coragem nem confiança para tomar uma iniciativa. Então, quando um grande amigo me incentivou a procurar seu terapeuta, percebi que estava na hora de buscar ajuda.

Enquanto aguardava minha primeira consulta na sala de espera, um cartoon pendurado na parede chamou minha atenção: Snoopy, o cachorrinho do Charlie Brown, tentava equilibrar sua casinha nas costas. Embaixo da ilustração havia os seguintes dizeres: "Nada é maior do que o peso de seu potencial." Continuei olhando para o desenho e chorei. Eu também sentia o peso do meu potencial, explodia de energia e desejo de realizá-lo, mas me faltavam as habilidades para canalizar esses sentimentos na direção certa.

Quando percebi que podia aliviar esse peso tomando atitudes que melhoravam minha autoconfiança e auto-estima, arregacei as mangas. Com a orientação certa e um plano de ação totalmente novo, comecei a pôr em prática algumas mudanças que permitiram que o meu verdadeiro eu brotasse. Lentamente, aprendi a confiar em mim e a agir de acordo com minha sabedoria interior. E então minha vida começou a mudar de um jeito que eu jamais havia imaginado! A sua pode mudar também: neste livro, ofereço, passo a passo, um plano para você se libertar e utilizar toda a sua força interior, criando uma vida maravilhosa que lhe dará a oportunidade de ajudar os outros a se realizarem também. Para começar, tudo o que você tem de fazer é simplesmente imaginar algumas possibilidades.

Como seria sua vida se você tivesse coragem e força emocional para vencer a dúvida, o medo ou a preocupação com o que os outros falam a seu respeito? Pense nisso. O que mudaria em seus relacionamentos? Você se sentiria livre para tomar uma atitude mais audaciosa? Permaneceria em seu emprego atual? Sua rotina se tornaria diferente?

Conheci muitas pessoas por meio do meu trabalho e posso afirmar que grande parte delas sente que está vivendo de acordo com um roteiro escrito pelos outros. Não vêem a hora de vencer as limitações que elas mesmas se impuseram e finalmente tomar as rédeas de suas vidas. No entanto, falta-lhes autoconfiança para tomar a iniciativa, independentemente das situações em que se encontram.

Por exemplo, um cliente que tinha uma carreira bem-sucedida na firma de assistência médica de sua família me disse: "Morro de vontade de abrir um restaurante, mas tenho medo de desapontar meu pai se deixar a empresa." Outro comentou: "Todos os dias sonho que estou viajando pela Europa, mas sempre adio meus planos simplesmente porque tenho medo de sair da minha zona de conforto." Uma mulher me falou o seguinte: "Sei que o bem-estar do meu filho vem em primeiro lugar, mas não consigo deixar de pensar que tenho que encontrar um tempo para mim."

Compreendo esses anseios, pois durante anos deixei o medo e a dúvida dirigirem meus atos, com receio de sair do script e seguir minha própria vontade. Planejei minha vida seguindo o modelo dos outros: tentava agradar as pessoas o tempo todo, confiava nos seus conselhos mais do que na minha intuição e sabotava meu sucesso toda vez que queria fazer algo que elas não achassem certo. Somente quando percebi que me apegava demais às opiniões dos outros é que me dei conta de quanto eu estava perdida em relação às minhas próprias opiniões.

Se você sente que sua vida gira em torno das necessidades ou expectativas de parentes e amigos, preste atenção nesta mensagem:

> *Lá no fundo do seu ser reside uma força capaz de realizar seu objetivo de vida. Para liberar essa força é preciso desenvolver uma relação sólida com você mesmo. Ao fazer isso, você ativará uma enorme força interior que lhe permitirá iniciar as ações necessárias para desenvolver sua autoconfiança e autoestima. Quando parar de esconder sua força e passar a usar o medo a seu favor, se sentirá menos preocupado com os outros e mais voltado para o que você deseja para si mesmo. À medida que essa mudança ocorre, você naturalmente passa a levar uma vida mais autêntica e rica em emoções.*

O primeiro passo para começar a tomar as rédeas da própria vida é desenvolver sua consciência. A maneira como você lida com o seu dia-a-dia fornece pistas para identificar de que forma seus sentimentos e necessidades são renegados, enfraquecendo sua força emocional e permitindo que os outros influenciem suas atitudes. Para entender o que quero dizer, leia atentamente a lista a seguir e marque as frases que se aplicam a você.

_____ Tenho certas responsabilidades que não me permitem fazer o que realmente quero.

_____ Apesar de reservar um tempinho para mim, quase sempre acabo ocupando esse tempo para atender às necessidades dos outros.

_____ Costumo dar muita importância ao que as pessoas pensam de mim.

_____ Sempre que chego perto do sucesso, acabo fazendo alguma coisa para sabotar meu progresso.

_____ Quando tenho de tomar alguma decisão, consulto várias pessoas antes.

_____ Quando alguém me magoa, me calo e depois fico imaginando o que eu poderia ter dito.

_____ Freqüentemente digo "sim" quando, na verdade, queria ter dito "não".

_____ Sempre levo as coisas para o lado pessoal e me deixo afetar pelos outros.

_____ Sinto que não estou realizando todo o meu potencial.

_____ Quando falo com os outros, tento demonstrar saber menos do que sei para não parecer arrogante.

_____ Tomo muito cuidado para não ter mais sucesso do que meus pais tiveram.

_____ Tenho uma sensação incômoda de que está faltando algo em minha vida.

_____ Quando estou chateado com alguém, sempre me convenço de que é melhor não dizer nada do que enfrentar o problema.

_____ Tenho um desejo secreto que jamais admiti para ninguém.

_____ Quando alguém não cumpre uma promessa, fico magoado, mas não reclamo e acabo fazendo o que o outro deveria ter feito.

_____ Anseio por encontrar paixão e sentido em minha vida.

Se você marcou pelo menos uma das frases acima, continue a ler este livro.

Tenho ouvido as necessidades de meus leitores há anos. Seja falando com eles durante meus workshops, através de e-mails ou no quadro *Lifestyle Makeover*, exibido no programa de Oprah Winfrey, percebi que existe uma "epidemia" de frustração que afeta homens e mulheres dos mais variados tipos.

Pais, donas-de-casa, funcionários de grandes empresas, artistas, estudantes, todos buscam respostas às seguintes perguntas:

- Como posso expressar minhas necessidades sem parecer egoísta?
- Onde encontrar coragem para mudar o que precisa ser mudado sem me preocupar com a reação dos outros?
- Como superar os comportamentos derrotistas que me fazem sentir estagnado?
- É possível estabelecer limites sem prejudicar meus relacionamentos ou me sentir culpado?
- Como posso manter um alto nível de motivação e parar de atrapalhar as minhas próprias conquistas?
- Como dar sentido, objetivo e direção à minha vida?

Essas perguntas representam os desafios interiores que enfrentamos sempre que buscamos alguma satisfação. Em meus dois primeiros livros, *Sua vida em primeiro lugar* e *Você pode mudar sua vida,* ofereci aos leitores estratégias para começarem a transformar suas vidas. Ao aprenderem a se cuidar melhor e a lidar com as questões que causam estresse, como ambientes desorganizados, problemas financeiros e listas intermináveis de tarefas, muitos se interessaram em descobrir maneiras de controlar melhor suas vidas. À medida que realizaram essas mudanças *externas*, muitos leitores puderam identificar as mudanças *internas* que também precisavam ser feitas. Por exemplo, alguns tiveram de aprender a conviver com o sentimento de culpa que surgia quando priorizavam suas próprias necessidades. Outros tentaram dominar o medo que tinham de realizar seus sonhos. Muitos se sentiram incapazes de suportar o inevitável conflito que surge quando tentamos tomar as rédeas de nossas próprias vidas.

VOCÊ ESTÁ DESISTINDO DA SUA FORÇA INTERIOR?

Quando decide melhorar sua qualidade de vida, você determina novos tipos de relações com os outros e consigo mesmo. No momento em que começar a cuidar mais da sua vida, as pessoas à sua volta poderão se sentir ameaçadas e talvez isso o deixe desconfortável. Por exemplo, se você sempre disse "sim" aos parentes que pediam sua ajuda, terá de se acostumar com as reações adversas ao dizer "não". Se costuma pôr as necessidades de seus filhos antes das suas, poderá se sentir culpado ao se colocar em primeiro lugar. Quando essas reações se manifestarem, é possível que você aja como a maioria das pessoas sensíveis, dando um passo atrás para não ferir os sentimentos alheios e para evitar conflitos, desaprovação ou abandono.

Muitas vezes preferimos ser cuidadosos com os outros e colocar nossas necessidades de lado quando corremos o risco de sentir culpa, de desapontar alguém ou de provocar uma briga. Em casa, você pode deixar de dar atenção a seus filhos para manter um bom relacionamento com seu companheiro, mas isso pode causar ressentimento a longo prazo. No trabalho, pode permitir que um colega que se lamenta de tudo drene sua energia, mas isso pode fazer com que você deteste seu emprego. Talvez volte a dizer sempre "sim" à sua família para evitar a rejeição, mas se sinta frustrado pela falta de um tempo só para você.

Quando ignoramos nossos desejos e nos esforçamos para agradar os outros, acabamos negligenciando aquilo que nos permite conquistar uma vida mais significativa: nossa força interior.

Somos treinados para ignorar essa força desde a infância. Fomos ensinados a viver de acordo com determinadas regras – às vezes impostas de maneira sutil e outras nem tanto – por influência de nossos pais, da sociedade, de preceitos religiosos, de treinamento na escola, etc. Talvez você ainda se lembre de algumas delas:

Seja simpático.
Não faça barulho.
Não seja muito expansivo.
Não faça nada além do que pode.
Não chame a atenção.
Lembre-se que as necessidades dos outros vêm antes das suas.
Não alimente grandes expectativas.
Seja modesto.
Valorize a paz acima de tudo.
Não tente ser melhor do que as pessoas que você ama.
Não faça os outros se sentirem ameaçados por sua inteligência.
Não seja exibido.
Faça o que lhe digo.
Não seja orgulhoso.
Contente-se com o que tem.
Não seja o dono da verdade.

Apesar de essas regras terem uma intenção construtiva e saudável, seu efeito mais freqüente é, pouco a pouco, minar a autenticidade das crianças. Percebi isso claramente num dia em que saí para pescar com um amigo. Um menino se aproximou de nós e se ofereceu para me ajudar com o anzol, pois era um excelente pescador, muito bem treinado pelo avô. Ele disse todo orgulhoso: "Sou muito esperto quando se trata de peixes." E meu amigo, de 79 anos, imediatamente retrucou: "E muito modesto também!"

No mesmo instante, o garoto se calou, baixou a cabeça e se afastou de nós. Meu amigo não tinha a intenção de magoá-lo. Sua atitude simplesmente refletia a regra que lhe tinha sido ensinada: não seja exibido.

Ao ensinar nossos filhos a "andar na linha", criamos *seguidores* bem comportados, o que certamente facilita nossa tarefa como educadores. Mas isso tem um custo enorme em nossas vidas, pois as crianças se tornam adultos infelizes que tentam desesperadamente *ser donos de suas próprias vidas,* mas não possuem as habilidades necessárias para isso.

Imagine como seria sua vida se, em vez de normas que esmagam sua personalidade, você seguisse estas regras:

Pare de se desculpar se você não fez nada de errado.

Seja corajoso.

Pense grande.

Tenha ambições na vida.

Não seja modesto.

Faça com que os outros o vejam e o escutem.

Entusiasme-se com tudo.

Tenha orgulho de quem você é e do que sabe.

Tenha sempre grandes expectativas.

Lute pelo que quer.

Se eu tivesse sido educada dessa maneira, tudo na minha vida seria diferente. Com certeza eu teria respondido às perguntas do professor, em vez de ficar insegura só de levantar a mão. Teria participado das peças de teatro na escola, em vez de ficar sentada na platéia. E teria juntado coragem para viver amores arriscados, em vez de tocar a vida tentando ser sempre uma moça "direita".

E você, o que teria feito diferente? Teria ousado mais, permitido se destacar na multidão ou talvez usado seus talentos, em vez de escondê-los?

QUEM VOCÊ PENSA QUE É?

Usar plenamente os nossos dons pode parecer bastante perigoso. Quando expressamos claramente o que queremos e tomamos a iniciativa para que essas coisas aconteçam, as outras pessoas podem reagir mal e acabar nos magoando. Por exemplo, seu melhor amigo pode ficar chateado se o seu trabalho não lhe deixa tempo disponível para sair com ele. Ou talvez sua mãe se sinta incomodada com a sua felicidade, já que isso a faz lembrar da própria desilusão. Quando nos tornamos mais bem-sucedidos do que as pessoas que amamos, tendemos a nos sentir desconfortáveis, pois viramos um alvo: temos algo que elas não têm. Para evitar desestabilizar nossos relacionamentos e ouvir questionamentos do tipo "Quem você pensa que é?", nos acomodamos a uma vida cheia de insatisfações. Por mais contraditório que possa parecer, nos sentimos mais seguros quando estamos carentes. Isso acontece porque as pessoas nos oferecem muito mais apoio nos momentos de sofrimento do que nos de sucesso.

O sucesso é uma ameaça. Nosso êxito faz os outros lembrarem suas próprias feridas, seus sonhos não realizados ou necessidades não atendidas. Certa vez, uma senhora presente em um de meus seminários disse:

Quando meu marido me trocou por uma mulher mais jovem, meus amigos imediatamente correram para me dar apoio. Eles cozinhavam para mim e conversavam comigo até tarde da noi-

te. Dois anos depois, quando me recuperei emocionalmente, perdi 15 quilos e recebi uma promoção no trabalho, esses mesmos amigos começaram a falar pelas minhas costas que eu estava "muito confiante". Eu tinha mudado, me sentia mais forte, mais segura e bem menos carente. Acho que eles não conseguiram lidar com isso, e fiquei extremamente magoada.

É comum ficarmos tensos diante do sucesso de outra pessoa. Como lidar com o medo de ser deixado para trás? Ainda me lembro do desconforto que sentia quando meus colegas conseguiam algo que eu desejava. Por um lado eu ficava feliz, mas, por outro, tinha inveja da vitória deles. Esses sentimentos contraditórios me deixavam culpada e confusa. Com o passar do tempo, descobri que isso era um indício de que *eu* precisava crescer, um sinal de que devia tomar alguma atitude para desenvolver minha carreira. O medo revelou que eu não havia chegado aonde queria. À medida que aprendi a lidar com isso e a trilhar o caminho que agora compartilho com você, ativei meu entusiasmo e minha carreira decolou. Logo me vi no grupo das pessoas bem-sucedidas.

Mas, quando comecei a ganhar dinheiro e conquistei meu espaço, passei a me sentir desconfortável ao falar sobre essas questões com meus amigos. Até então, muitas de nossas conversas eram sobre o que não estava dando certo em nossas vidas. Eu sabia expressar minha insatisfação, mas agora que havia coisas boas para compartilhar não sabia como proceder, pois nunca tinha tido essa experiência. Tinha receio de que, ao celebrar minhas realizações, pudesse parecer exibida ou gerar inveja e sentimento de competição (as mesmas emoções que eu havia experimentado antes). Então deixava que só eles falassem. Até que percebi que estava procurando razões para não estar na mesma freqüência que meus amigos.

A maneira como reagimos às situações pode ter sérias conseqüências. Por exemplo, Kate, mãe de dois filhos pequenos, trabalhava em período integral e ainda fazia a maior parte das tarefas domésticas. Quando decidiu priorizar suas próprias necessidades, ela reclamou com o marido da injusta divisão de tarefas em casa. Mas, como não recebeu apoio, Kate se calou para não causar uma briga. Só que sua escolha acabou custando caro, pois ela ficou cada vez mais irritada com as crianças, começou a sentir dores nas costas e uma grande tensão nos ombros e pescoço. Pouco a pouco o ressentimento minou seu casamento.

Outra cliente minha, Carol, médica pesquisadora em uma empresa de biotecnologia, era vista no trabalho como uma solucionadora de problemas. Sempre que seu colega Michael não conseguia resolver alguma coisa, ele lhe pedia ajuda. Ano após ano, Carol simplesmente ignorou o fato de Michael se apropriar de suas idéias e levar crédito pelo resultado. Depois de testar com sucesso um novo medicamento, Carol ficou simplesmente furiosa por Michael ter dito à gerência que ele havia descoberto o procedimento correto. Apesar de querer repreendê-lo pela traição, ela não tinha forças. Quando veio me pedir ajuda para achar um novo emprego, Carol percebeu que, antes de tudo, precisava encontrar sua própria coragem. Se continuasse a se esquivar da situação e não aprendesse a expressar seus sentimentos e idéias, enfrentaria o mesmo problema em outro trabalho.

Existem diferentes maneiras de desistir de nossas vidas. Quando nos calamos ou fazemos determinadas escolhas a partir do medo, estamos nos esquivando do sucesso que tanto procuramos e cometendo uma autotraição. Apesar de cada autotraição dar a falsa impressão de que mantemos tudo sob controle, isso inevitavelmente mina nosso amor-próprio. E quanto mais a auto-estima diminui, mais vulneráveis nos tornamos em relação ao que os outros pensam. Quando esse círculo vicioso se instala, lentamente perdemos o entusiasmo com a nossa vida.

Várias atitudes nos impedem de viver de acordo com nossos anseios. Veja se você se identifica com algum destes comportamentos:

- Você se sente "desconectado" de si mesmo. Sua qualidade de vida está comprometida por fazer sempre mais, mas sentir cada vez menos. Você perdeu contato com as coisas essenciais que dão significado à vida: uma forte ligação com os sentimentos e a capacidade de agir com a sabedoria que eles apontam.
- Você anseia por experimentar uma sensação de realização e propósito. No entanto, baseou sua vida no que os outros acham que deve ser feito e não no que tem real valor para você.
- Você esconde sua força, depreciando-se ou minimizando seus dons por meio de comportamentos derrotistas que enfraquecem sua auto-estima.
- Você se preocupa demais com o que os outros pensam. Sempre tenta identificar a percepção dos outros para evitar conflitos e sentimentos de culpa. Você permite que os outros roubem seu tempo, sua energia e sua auto-estima.
- Você deixa que o medo o impeça de realizar as mudanças que realmente deseja.
- Você se contenta com menos do que merece. Seu desejo de recompensa ou de reconhecimento imediatos o impede de fazer escolhas que o beneficiariam mais.
- Você anseia por realizar seu pleno potencial, mas fica imobilizado, pois não sabe por onde começar.
- Você não se sente à vontade para celebrar as realizações dos outros. Você aprendeu a manter relacionamentos ligados pelo sofrimento e não pela felicidade.

Quando você luta para melhorar sua vida, isso acaba afetando seu relacionamento com a família e os amigos, pois eles nem sempre aceitam essas mudanças. Num primeiro momento, você pode ficar receoso e confuso, mas depois perceberá que, ao identificar suas necessidades reais, as relações verdadeiras serão aprofundadas e novas pessoas entrarão em sua vida, substituindo aquelas que não conseguirem acompanhar seu crescimento.

LUTE POR VOCÊ MESMO

Neste livro eu o ajudarei a traçar novas estratégias para valorizar seu eu interior e transformar seu medo em força. Você aprenderá a desenvolver a autoconfiança e a coragem, aumentando sua auto-estima e ganhando segurança para atingir todo o seu potencial. À medida que aprender a lutar por si mesmo, você desfrutará de uma vida tão íntegra que poderá beneficiar todas as pessoas à sua volta.

Ao trilhar o programa oferecido neste livro, você vai aprender a:

- **Saber quem você realmente é** – construir um relacionamento tão forte consigo mesmo que começará a fazer escolhas a partir do que quer e não do que os outros querem para você. E não se sentir egoísta com isso.
- **Definir seus valores** – identificar o que precisa mudar em sua vida para centrá-la nos valores que realmente importam.
- **Parar de esconder sua força** – descobrir como você esconde sua força e eliminar toda e qualquer atitude derrotista que diminua sua auto-estima e o impeça de usar seus talentos.
- **Lutar por você mesmo** – adquirir as habilidades necessárias para expressar o que quer e o que não quer. Ao encarar seu

medo de conflitos, você descobrirá como desenvolver sua força emocional, essencial em todas as áreas da vida.

- **Desenvolver sua coragem** – usar o medo como aliado para implementar as mudanças que realmente importam.
- **Não aceitar nada menos do que o melhor** – identificar, honrar e respeitar seus valores espirituais para tomar as decisões certas e receber sempre o melhor da vida.
- **Alinhar sua vida com seus valores essenciais** – tomar a iniciativa para fazer as mudanças acontecerem de modo que a vida se torne a expressão de seus valores.
- **Criar uma visão mais ampla para sua vida** – compartilhar seu sucesso com os outros, comprometer-se a ser útil e repassar essas capacidades às pessoas que ama, principalmente às crianças.

Não será uma jornada fácil, mas ao seguir esse caminho você estará tomando a decisão de mudar as coisas. Ao fazer os exercícios e aplicar os conselhos à sua vida, você enviará uma mensagem ao Universo: "Sim, estou pronto a desafiar o medo, a baixa auto-estima e a preocupação com o que os outros pensam." E, acredite, quando você fizer essa declaração, o Universo responderá. Serão enviadas até você pessoas e circunstâncias que desenvolverão sua segurança interior – coisa que nenhuma conta bancária, nenhum relacionamento ou emprego podem lhe oferecer.

A verdade é que não há nenhuma outra maneira de viver como você deseja – uma vida que reflita seus anseios mais profundos e utilizando seus dons com plenitude. Esses dons lhe foram dados para serem compartilhados com o resto do mundo.

Em breve, você se ouvirá dizendo:

Sei exatamente quem eu sou.

Sei exatamente o que valorizo.

Consigo expressar minha força.

Falo sempre a verdade (mesmo quando ela incomoda) e encaro conflitos com calma e confiança.
Tiro proveito do medo.
Confio em mim mesmo para fazer as escolhas que honram o que tenho de melhor.
Vivo de acordo com meus valores.
Apóio as realizações dos outros e me sinto feliz com elas.

O SEGREDO PARA O SUCESSO: O GRUPO DE APOIO

Milhares de pessoas já seguiram os programas apresentados nos meus dois primeiros livros, *Sua vida em primeiro lugar* e *Você pode mudar sua vida*. Tenho certeza de que elas compartilham a mesma idéia: a chave para a mudança e a motivação duradoura é criar um grupo de apoio. Para trilhar as etapas descritas aqui, você deverá formar um grupo de amigos que estimulem sua decisão de mudar.

Lutar pelo que você quer exigirá alguns passos corajosos e uma rede de amigos que o amparem. Eles se tornarão seu porto seguro, as fundações sólidas nas quais você se apoiará até conseguir firmar-se sobre seus próprios pés.

Após ouvir tantas histórias de sucesso durante todos esses anos, pude comprovar o poder do apoio. Muita gente que utilizou a força da parceria conseguiu efetivamente mudar sua qualidade de vida. É sempre mais fácil enfrentar os problemas quando nos sentimos seguros.

Além de encorajar as mudanças, um grupo de apoio oferece ainda outros benefícios. Recebendo conselhos sensatos e claros, em vez de ouvir fofocas e reclamações, você aprenderá a se ligar às pessoas por meio do sucesso e não do sofrimento. Vai experimentar a riqueza das conversas íntimas, que vão muito além da superficialidade de um bate-papo. E também fará amizades duradouras que acrescentarão mais significado à sua vida do que qualquer bem material.

Você também pode optar por seguir o programa sozinho (o que não apresenta problema algum), mas considere a possibilidade de compartilhar seu progresso com um parente ou amigo em quem confia. Assim, terá alguém para ajudá-lo quando estiver num beco sem saída e para comemorar suas vitórias junto com você. Ao longo do livro, sempre que eu me referir ao trabalho com um parceiro ou com um grupo, pare e pense se não seria o momento adequado para buscar algum tipo de apoio.

Ao avançar em sua jornada espiritual, você merece ter alguém que o ajude a se manter no caminho certo. Para descobrir quem poderia exercer esse papel, responda às seguintes perguntas:

- Quais são as pessoas que estão sempre próximas durante os momentos mais difíceis de sua vida?
- Que amigos se arriscam a lhe dizer duras verdades, mas com respeito e consideração, simplesmente porque se preocupam com você?
- Quais dos seus amigos se negam a falar mal ou menosprezar os outros, mesmo quando essas pessoas não estão por perto?
- Quem acredita no que você diz que vai fazer?
- Com quem você se sente absolutamente seguro?

Suas respostas a essas perguntas revelam quem se encaixa no perfil adequado para fazer parte do seu grupo de apoio. Não desanime se forem poucos – isso é muito comum. Além de mostrar como criar o grupo, vou ajudá-lo a se conectar com outras pessoas que também estão procurando alguém como você.

Entre em ação! Forme um grupo de apoio

Você gostaria de conhecer pessoas que também estão ansiosas para mudar suas vidas? Em janeiro de 2001, decidi formar grupos de apoio em todo o mundo através de minha comunidade on-line, a Life Makeover Community. O objetivo é oferecer um ambiente seguro em que as pessoas recebam ajuda para efetuar as mudanças que sempre quiseram fazer.

Aprendi que os fatores fundamentais para o sucesso de um grupo de apoio são o empenho de cada participante e a determinação de garantir que as necessidades de cada um sejam atendidas. Alguns preferem se juntar a pessoas que compartilham os mesmos problemas ou situações: mães com filhos pequenos, empresários ou pessoas solitárias. Outros preferem se juntar a grupos com composições mais variadas. O ideal é que tenham de seis a oito integrantes.

Seu grupo deve se reunir regularmente. Uma vez por semana é ótimo; duas vezes por mês, a segunda melhor opção; uma vez por mês pode dar certo, se você tiver um parceiro com quem possa falar por telefone semanalmente. Mas, acima de tudo, comprometimento é a chave para o sucesso.

Vamos resumir as orientações sobre a melhor maneira de usar este livro e formar um grupo de apoio:

- Leia o livro todo antes de iniciar o programa.
- Escolha pessoas de confiança e certifique-se de que elas vão acompanhá-lo até o fim do programa.
- Determine um horário para as reuniões (que devem acontecer pelo menos uma vez por mês), sejam elas pessoalmente ou por telefone.
- Leia um capítulo ou sessão de cada vez antes de se reunir com seu grupo.

Quando estiverem juntos, vocês poderão adotar os seguintes passos para tornar as reuniões mais produtivas:

- Inicie o encontro compartilhando seu sucesso. O que você aprendeu sobre si mesmo? Que iniciativas você tomou? Dê a cada participante a chance de dividir suas conquistas!
- Dedique um tempo à discussão do texto que foi lido antes da reunião. Discuta sua experiência durante os exercícios.
- Decida que ações específicas cada um deverá adotar antes do próximo encontro.
- Peça ajuda. Usem os últimos 15 minutos para pedir apoio mútuo.

Ao se preparar para fazer os exercícios, lembre-se do seguinte:

- Compre um diário ou um caderno para fazer as anotações necessárias.
- Toda vez que ler a expressão "Entre em ação!", faça isso imediatamente. Pequenos passos fazem uma grande diferença!
- Leve o tempo que for preciso para fazer os exercícios e "curtir" o processo. Se você não conseguir lidar com suas emoções, peça ajuda aos participantes do grupo ou procure um terapeuta. Você *merece* ter um apoio emocional enquanto aprende a reconhecer e utilizar sua força interior.
- Comemore o seu sucesso! Não espere completar o livro (ou um capítulo) para fazer algo especial em reconhecimento ao seu progresso. A recompensa é a melhor motivação. Ao completar um exercício, marque um jantar com um bom amigo, compre um presente para você mesmo ou relaxe e aproveite o tempo livre.

1

QUEM VOCÊ PENSA QUE É?

Certo dia, minha amiga Monique me telefonou dizendo que finalmente estava pronta para mudar sua vida. Ela desabafou: "Há anos quero fazer um curso de teatro, mas nunca tentei, com medo da reação da minha família e dos meus amigos. Três anos atrás, quando conversei com meu irmão sobre isso, ele ficou implicando comigo, dizendo que eu queria me tornar uma estrela. Então, guardei esse sonho lá no fundo do coração. Sei que tenho talento e algo importante para compartilhar com o mundo e agora não quero mais esconder isso. Apesar do receio de não conseguir, estou cansada de deixar o medo dirigir minha vida. Não quero ficar com essa sensação incômoda de que dentro de mim há algo poderoso querendo desabrochar. Quero que minha vida tenha algum significado."

A decisão de Monique de tomar as rédeas da própria vida foi um passo corajoso na direção certa. Logo após nossa conversa ela se matriculou num curso de teatro e resolveu encarar o desafio. Marcou um encontro com duas amigas para conversar sobre seus planos e, para sua surpresa, as duas a apoiaram.

A dúvida e o medo de Monique são sentimentos comuns. Quando você decide sair da zona de conforto e se comporta de maneira mais arrojada, corre o risco de provocar uma reação negativa por parte dos outros. Desafiar as regras significa expor-se à crítica, aos julgamentos e opiniões de terceiros. Mas é exatamente o medo de se expor que o impede de realizar seu potencial.

Eu compreendo isso. Há mais de 15 anos ajudo as pessoas a melhorarem sua qualidade de vida. Depois de falar em público muitas vezes e em diversas cidades, finalmente reuni coragem para escrever meu primeiro livro, *Você pode mudar sua vida*. Logo que tomei essa decisão, uma voz tentou me impedir, questionando: "Quem você pensa que é para escrever um livro? O que a faz pensar que tem algo importante a dizer?" Imediatamente me senti vulnerável. Será que eu conseguiria suportar as críticas? Eu tinha força emocional para ficar sob os holofotes e me sujeitar à reprovação dos outros?

Esses são os mesmos questionamentos de meus clientes. Já ouvi homens e mulheres talentosos admitirem seu medo do julgamento dos outros. Essa vulnerabilidade os leva a duvidar do seu valor e do que têm a oferecer ao mundo. Como eu, eles foram treinados a submeter seus desejos ao consentimento dos outros. Felizmente, com coragem e comprometimento, nossa vontade interior sempre vence.

Quando meu livro foi publicado, eu estava otimista, mas também bastante ansiosa. Muitas vezes, enquanto escrevia, me senti tentada a desistir do projeto e a ouvir as vozes críticas que estavam dentro – e fora – da minha cabeça. No início, a opinião dos outros me causou muito sofrimento, mas logo aprendi que uma conexão mais forte com o meu interior e o compromisso de ajudar as pessoas eram o caminho para o meu sucesso.

Você terá medo de ouvir a pergunta "Quem você pensa que é?" até ter condições de respondê-la com coragem. Quando o desenvolvimento pessoal e espiritual for sua prioridade número um, você terá força para ir até o fim. Deixará de se preocupar com a opinião dos outros e passará a pensar em como fazer a diferença. Você se tornará confiante, corajoso e emocionalmente mais forte: qualidades necessárias para fazer tudo valer a pena.

O PROPÓSITO DA SUA VIDA

Em minhas conversas com as pessoas sobre qualidade de vida, notei que existe uma pergunta que sempre se repete: "Como posso descobrir um propósito para a minha existência e fazer alguma diferença no mundo?" Esse questionamento geralmente reflete que a pessoa está infeliz e que sua verdadeira essência anseia por expressar-se.

Todos nós queremos sentir que temos alguma importância, que nossa presença neste planeta tem um significado. Sempre que me fazem a pergunta acima, respondo o seguinte: cada um de nós tem uma tarefa divina, uma missão a cumprir – e sua realização depende de duas coisas. Primeiro, devemos tornar a evolução pessoal e espiritual nossa prioridade número um, seguindo um caminho individual rumo à cura e ao crescimento. Segundo, à medida que fortalecemos nosso caráter com essa tarefa, temos mais condições de contribuir para melhorar o mundo.

A razão para o crescimento pessoal vir antes de tudo é que, ao assumir um compromisso consciente com seu desenvolvimento interior, você está dando um enorme passo para ajudar os outros. Inicialmente isso pode parecer um tanto egoísta, mas, quando perceber que todos nós estamos conectados por uma força maior, você compreenderá que cumprir sua tarefa individual vai beneficiar diretamente outras pessoas. Ao dirigir seu foco para o fortalecimento de sua integridade, você estará dando a maior colaboração possível para a humanidade.

Os livros de História estão repletos de casos de indivíduos que iniciaram grandes mudanças no mundo com a força de seu trabalho pessoal. Por exemplo, o Alcoólicos Anônimos, que ajuda a salvar a vida de milhares de pessoas, foi o resultado da bem-sucedida jornada de desenvolvimento e cura espiritual de Bill Wilson, seu fundador.

O primeiro passo para cumprir sua tarefa divina é tomar as rédeas de sua vida. Deixe para trás o papel de "seguidor de regras". Você precisa se tornar o líder de si mesmo.

QUEM É VOCÊ?

O programa deste livro vai ajudá-lo a responder à pergunta "Quem é você?". Ao tomar iniciativas específicas para desenvolver sua confiança, você conseguirá realizar a tarefa divina que lhe foi dada. Vai ser preciso encarar críticas internas e externas, mas, com dedicação e comprometimento, você compreenderá o que significa viver de acordo com sua essência.

TORNE-SE O ARTISTA DE SUA PRÓPRIA VIDA

Nossa existência é breve e incerta. Precisamos usá-la da melhor maneira possível, priorizando nosso desenvolvimento espiritual. Ao fazer isso, atingiremos nosso propósito na Terra. Comprometimento requer tempo, energia e vontade de abrir o coração e a mente para mudanças. O primeiro passo é saber que *você* é a força motriz das transformações em sua vida. Ninguém mais pode determinar seu destino, resolver seus problemas, curar suas feridas ou dizer-lhe o que fazer. *Você deve ter total responsabilidade pelo fantástico dom que lhe foi concedido ao nascer: a força de criar sua vida como uma obra de arte.*

Assumir a liderança poderá lhe trazer força e paz. Você perceberá que cada pessoa, situação e experiência se torna uma oportunidade de crescimento interior. Descobrirá que possui força espiritual suficiente para mudar os aspectos da sua vida que não lhe agradam e se conscientizará de que pode ter feito algumas escolhas equivocadas, como manter um relacionamento destrutivo ou se endividar. Para mudar sua vida, você tem de estar disposto a enfrentar desafios e repensar suas escolhas pessoais e profissionais.

Mesmo diante de uma provação, é importante manter o autocontrole. Quando nos entregamos à dor e à insatisfação, achamos que não há saída e que somos vítimas das circunstâncias. Mas, quando assumimos a responsabilidade pelo que nos acontece, paramos de canalizar nossa energia para situações externas e começamos a usá-la para encontrar a direção certa, aprendendo que toda experiência é uma chance de crescimento. Olhando por esse ponto de vista, *você sempre terá opções.*

A boa notícia é que, quando você enfrenta os desafios, ativa uma poderosa força divina que apóia seus esforços. E essa força traz exatamente o que você precisa para efetuar as mudanças que deseja. Você nem precisa acreditar nisso para que funcione. Já vi, várias vezes, pessoas descrentes receberem um presente, uma porta aberta no momento em que mais precisavam. Lembro-me de um cliente particularmente cético que, *um dia depois* de ser demitido, recebeu um convite para voltar ao seu emprego anterior.

Você provavelmente já se pegou dizendo algumas destas frases:

- As coisas sempre dão errado para mim.
- É verdade, mas...
- Preciso de alguém que me incentive.
- A vida não é justa, isso sempre acontece comigo.
- Isso não é culpa minha, e sim de ____.
- Como eu gostaria de ser criança outra vez!

- Por que me incomodar com...
- Eu simplesmente não tenho sorte.
- Não há nada que eu possa fazer. Esta situação não tem saída.

Se você se identificou com essas atitudes pessimistas, não se preocupe. A conscientização é a etapa mais importante para a mudança. Você só precisa se lembrar da força que possui. A seguir, vou apresentar exercícios que ilustram bem o que estou querendo dizer.

Certa vez, depois de uma palestra na igreja Mile Hi, no Colorado, passei um bom tempo conversando com a diretora de eventos, Karen Thomas, e ela comentou que Richard Bach, autor de *Fernão Capelo Gaivota*, havia conduzido recentemente um workshop na igreja. Quando eu disse que o admirava, ela me deu algumas fitas com a gravação da palestra dele.

Foi um prazer ouvir os ensinamentos de Richard enquanto dirigia de volta para casa. Fiquei interessada em um exercício que ele usava para lembrar sua capacidade de criar a realidade. Richard dizia que escolhia um objeto qualquer e projetava firmemente aquela imagem em sua mente. Depois, ele deixava a imagem se distanciar ao mesmo tempo que afirmava que esse objeto viria até ele na realidade, materializando-se sob alguma forma.

Embora o exercício parecesse muito simplista, decidi experimentá-lo. Quando parei o carro no acostamento, imaginei um tomate grande, bem vermelho e maduro. Depois de olhar firmemente para a projeção em minha mente, deixei a imagem se afastar de mim. Liguei o carro e voltei à auto-estrada. Enquanto ouvia o rádio, pensei novamente naquela imagem. Uma hora depois, ultrapassei um caminhão com um grande tomate pintado na lateral. Pensei comigo mesma: "Olhe só, isso funciona."

Decidi tentar novamente. Desta vez, imaginei um Rolls-Royce, um carro que não se vê freqüentemente na região onde moro. Segui o mesmo procedimento e, na manhã seguinte, enquanto dirigia até à casa de uma amiga, vi não apenas um, mas dois Rolls-Royce num intervalo de 30 minutos!

O que um tomate e um Rolls-Royce têm a ver com a força de criar sua própria vida? *Seus pensamentos são como ímãs.* Aquilo em que você pensa e foca sua atenção aparecerá em sua vida. Quando você canaliza sua energia emocional e mental para um pensamento específico, atrai a manifestação física desse pensamento. Por exemplo, você já reparou que, quando aprende uma palavra nova, começa a ouvi-la em todo lugar? Ou quando começa a usar uma cor que nunca usou antes, todos à sua volta parecem ter tido a mesma idéia? Esses são pequenos lembretes de um princípio espiritual maior: *seus pensamentos moldam sua vida!*

Que tal experimentar esse exercício? Pode parecer tolo ou mesmo estranho, mas não custa nada. Escolha uma imagem e projete-a em sua mente por alguns segundos. Canalize sua energia para ela, confiando que vai vê-la se concretizar. A seguir, deixe que se afaste. Durante o dia, permita que a imagem volte à sua mente, mas sem forçar. Preste atenção em quanto tempo passará até a imagem aparecer na vida real – uma hora, um dia, uma semana. Mantenha-se atento e aberto para vê-la. Descobri que quanto mais pratico esse exercício, mais rapidamente as coisas se materializam. Após algumas tentativas bem-sucedidas, você reconhecerá o poder que existe dentro de você.

Entre em ação! Pratique a visualização

Para que você acredite nesse conceito, vamos aplicá-lo a alguma coisa que você gostaria de mudar. Por exemplo, se algo não está dando certo em sua vida, visualize uma nova realidade e canalize sua energia para ela várias vezes. Faça sua escolha agora:

O aspecto da minha vida que eu gostaria de mudar é...
A nova realidade que eu quero visualizar é...

Assim que tiver uma nova imagem, concentre-se nela até *sentir* como seria ter essa experiência em sua vida. A seguir, responda a estas perguntas:

O que mudaria em sua vida com essa nova realidade?
De que forma essa nova realidade o ajudaria?

Se você tiver dificuldade em mentalizar essa imagem, escreva sobre ela em seu diário. Depois de descrever a nova realidade em detalhes, você deve resumir seu objetivo. Antes disso, vamos analisar o exemplo a seguir.

Quando Dália reclamou da dificuldade de encontrar uma nova babá para seus três filhos pequenos, decidi usar o exercício acima para relembrá-la de que tinha o domínio da situação. Sempre que gostava de alguma candidata, algo dava errado na última hora. A primeira arranjou outro emprego, a segunda se mudou para outra cidade e a terceira desistiu de trabalhar em tempo integral. Dália obviamente ficou frustrada e se resignou a continuar tomando conta das crianças sozinha. Quando sugeri que renovasse suas esperanças descrevendo sua intenção, ela escreveu o seguinte:

Quero encontrar uma babá em quem eu possa confiar totalmente, alguém que tenha um prazer genuíno em cuidar dos meus filhos, uma pessoa carinhosa e responsável, que nunca me deixe na mão. Quero que essa babá esteja disponível para começar a trabalhar o quanto antes.

Eu ajudei Dália a resumir seu desejo numa única frase:

Quero encontrar uma babá carinhosa, responsável e que esteja disponível para começar a trabalhar logo.

Pedi a Dália que escrevesse essa sentença 15 vezes em seu diário. Há alguns anos adotei essa prática usada pelo cartunista Scott Adams, criador do personagem Dilbert. Ele dizia que, quando realmente queria que algo acontecesse em sua vida, escrevia seu pedido 15 vezes. Como sempre fui aberta a experimentar novas idéias, comecei a utilizar esse método em minha própria vida. Sempre que quero algo, escrevo esse desejo em meu diário, ou em um pedaço de papel, pelo menos 15 vezes. E a seguir acrescento uma pequena oração: "Amado Deus, por favor, permita que isso ou algo melhor do que isso aconteça em minha vida." À medida que escrevo, imagino que estou gravando cada sentença profundamente em minha mente e, assim, atraindo o resultado esperado.

Agora é sua vez. Pegue seu diário e escreva a sua frase. Agora que você tem uma intenção de mudança claramente expressa sobre um fato específico, copie essa afirmação pelo menos 15 vezes.

Voltando ao nosso exemplo: depois de esclarecer o que queria criar em sua vida, Dália entrou em ação. Esse exercício não é um passe de mágica, mas tem o objetivo de orientar sua mente na direção de seus desejos. *Uma mente forte é a primeira defesa contra o sentimento de ser vítima das circunstâncias.* Dália avisou a todos os seus amigos e conhecidos que estava procurando uma boa babá para seus filhos e colocou um anúncio no quadro da escola das crianças. Uma semana depois, uma amiga ligou para lhe indicar uma senhora de total confiança. Ela era a babá de uma vizinha que estava se mudando para outro estado. Na semana seguinte, a nova babá começou a cuidar dos filhos de Dália. Já testemunhei os efeitos positivos desses exercícios tanto na minha vida quanto na de meus clientes e sempre fico impressionada com o resultado final. Por isso, gostaria de pedir que você deixasse o ceticismo de lado e tentasse pelo menos uma vez. Pense nisso como um experimento. Quando sua mente analítica lhe disser que isso é tolice, apenas sorria e deixe o pensamento livre. Se praticar esses dois exercícios, quem sabe não acreditará também?

Compreendo que seja difícil aceitar que seus pensamentos, emoções e energia possam ditar sua experiência de vida, mas tenho certeza de que você já viu isso acontecer antes. Quantas vezes você começou o dia "com o pé esquerdo", enfrentando um desafio atrás do outro? Você acorda atrasado e de mau humor e parece atrair todo tipo de frustração. Ao se vestir, descobre que a camisa está sem botão e tem de trocar de roupa. Depois, agitado, não consegue lembrar onde pôs a chave do carro ou aqueles papéis importantes que tinha de levar para a reunião. Quando finalmente sai de casa, percebe que esqueceu a agenda. Seus pensamentos negativos, que começaram quando você acordou, abastecem suas emoções e influenciam sua energia, atraindo exatamente o que você *não* queria – mais frustração.

Ao tomar consciência do poder de seus pensamentos, você reconhecerá que a negatividade só lhe traz mais problemas. Ao compreender isso, você conseguirá (1) parar por um momento e respirar profundamente, (2) avaliar a situação e (3) mudar de perspectiva, sabendo que é possível criar realidades diferentes se pensar de forma diferente. Manter a positividade canaliza as energias certas para nos aproximar do que precisamos.

PRESTE ATENÇÃO!

Ao encarar sua vida sob a perspectiva de um artista, reconhecendo que seu mundo exterior é simplesmente um reflexo do seu mundo interior – que *você* determina –, é possível gerar o que eu chamo de "consciência refletora". Essa consciência significa admitir que "tudo o que acontece é resultado da sua intenção e, assim sendo, uma oportunidade de desenvolver sua espiritualidade".

Com esse novo ponto de vista, a cada nova experiência você vai naturalmente se perguntar: "Como posso usar essa situação para meu crescimento pessoal?" Por exemplo, quando um motorista lhe dá uma fechada no trânsito, você pode ver isso como um sinal de que talvez precise diminuir a velocidade ou não levar as coisas para o lado pessoal, em vez de pensar que esse motorista está fazendo algo diretamente contra você. Se perder seu emprego inesperadamente, reavalie sua trajetória profissional antes de achar que a vida está sendo injusta. É claro que é importante sentir e expressar todos os sentimentos que afloram nesses casos. Porém, mais importante ainda, é ir além da culpa e alcançar um estado de consciência que lhe permita usar sua força interior e seu poder criativo para reverter qualquer situação a seu favor.

Há anos tenho praticado essa "consciência refletora" buscando utilizar todas as experiências de vida como oportunidades de aprendizado. Quando algo acontece e causa algum tipo de reação, automaticamente me faço as seguintes perguntas:

Por que atraí essa experiência nesse momento?

O que essa experiência está tentando me ensinar?

Como posso usar essa situação para me tornar uma pessoa melhor?

Fazer essas perguntas auxiliou muito uma conhecida minha, Fran, quando teve de ajudar uma amiga em estado terminal a organizar seu inventário. Fran tinha medo da morte e sabia que essa era uma das razões pelas quais atraiu aquela experiência. Participar do fim da vida de sua amiga foi uma jornada extraordinária que a ensinou muito sobre si mesma. Ela passou a ver a morte não mais como algo a ser temido, mas algo a ser celebrado. Fran saiu dessa provação mais forte e mais comprometida a viver de acordo com suas prioridades.

A consciência pode ser uma força poderosa para desencadear mudanças. Ter o domínio de seus próprios passos e a consciência de que seus pensamentos e intenções influenciam diretamente suas experiências é a primeira etapa de um comprometimento com a evolução espiritual. Ao seguir o programa proposto neste livro, você poderá aprofundar esse trabalho.

OLHE PARA DENTRO DE VOCÊ

A chave para criar a confiança e a auto-estima necessárias para controlar sua vida reside em desenvolver um relacionamento forte e sólido consigo mesmo. Mas, para isso, você deverá parar de se preocupar com o mundo lá fora e aprender a voltar seu olhar para dentro de si.

Vivemos numa sociedade que constantemente nos puxa para fora de nosso centro. Somos bombardeados de informações pelos noticiários sensacionalistas da TV e pela propaganda 24 horas por dia. Sem contar que estamos sempre ocupados com nossas responsabilidades individuais, como sustentar a casa, criar os filhos, crescer na empresa. Além disso, nunca vivemos o "agora": ora voltamos ao passado ora nos projetamos para o futuro. No entanto, é no presente que se encontram as oportunidades de usar a força criativa. Quanto mais nos afastamos do agora, mais nos preocupamos com os acontecimentos externos e a opinião dos outros.

O compromisso de olhar para dentro de si mesmo vai treiná-lo a procurar as respostas de que precisa dentro de seu próprio coração, levando-o a fazer escolhas espiritualmente mais elevadas. Ao se empenhar em desenvolver atividades que o aproximem do seu eu interior, você não só criará uma conexão mais forte consigo mesmo como também aprenderá a *ter autoconfiança pa-*

ra lidar com qualquer problema. Esse tipo de relacionamento sólido e positivo é essencial: não existem atalhos, soluções rápidas ou antídotos de fácil administração. A jornada para a autoconfiança e a coragem começa e termina dentro de você.

Cada um de nós tem sua própria maneira de fortalecer a conexão com o seu centro espiritual. Os métodos podem ser diferentes, mas a meta é a mesma – ficar um tempo significativo em comunhão consigo mesmo. A maneira como você vai fazer isso é menos importante do que o compromisso de praticar com regularidade. Esse é o grande desafio.

Costumo perguntar o seguinte aos meus clientes:

Qual atividade você precisa realizar todos os dias para fortalecer seu relacionamento consigo mesmo?

Recebo as mais variadas respostas. Veja se alguma delas se aplica a você:

- Caminhar
- Escrever um diário
- Fazer exercícios
- Cozinhar
- Não fazer nada
- Ouvir música
- Meditar/refletir
- Fazer algo criativo: desenhar, pintar, cantar, dançar, etc.
- Tomar banho
- Ficar um tempo sozinho em contato com a natureza

Como você se conecta com seu eu interior e seu centro espiritual? Eu mantenho um diário há anos. Essa atividade me faz voltar ao meu centro mais rapidamente do que qualquer outra. Escrever me ajuda a dialogar comigo mesma sobre sentimentos, reações, desejos, necessidades, vontades, medos, etc. E, ao fazer isso, sinto-me mais confiante e conectada às minhas prioridades, faço escolhas melhores e estabeleço uma segurança interior que nada pode substituir.

O que faz você se sentir assim? O objetivo de comprometer-se com uma prática diária é construir uma aliança interna. Pode soar como um clichê, mas o importante é você se tornar seu melhor amigo, alguém com quem pode contar em qualquer situação. Essa ação tão simples pode ter um efeito profundo em sua auto-estima. Mas para que isso aconteça é necessário empenho e autodisciplina.

Para iniciar esse processo, responda àquela mesma pergunta que faço para meus clientes:

Qual atividade você precisa realizar todos os dias para fortalecer seu relacionamento consigo mesmo?

Como eu disse anteriormente, escolher uma atividade é mais fácil do que se comprometer a fazê-la todos os dias. Sendo assim, o próximo passo é determinar de que forma você vai manter esse compromisso. Como desenvolver a disciplina para praticar diariamente? Como garantir o sucesso de seu objetivo?

Primeiro é preciso aceitar o fato de que algumas vezes você vai quebrar esse acordo. Quando isso acontecer, você deve simplesmente retomar seu caminho. À medida que essa retomada se tornar um hábito, o intervalo entre cada parada e cada reinício será menor. Encare esse processo como um ato de amor-próprio: ao tomar uma atitude que honra quem você é, automaticamente passará a se valorizar mais. Para desenvolver o "músculo" da coragem e da auto-estima, é preciso exercitá-lo.

Outra maneira de aumentar suas chances de sucesso é usar seu parceiro ou seu grupo de apoio para ajudá-lo a manter o foco. E, por fim, elabore um cronograma. Nosso corpo facilmente se adapta a uma rotina. Então, ao programar sua atividade para o mesmo horário todos os dias, você se verá naturalmente atraído para ela. Faça desse momento um ritual sagrado. Jamais deixe que outras pessoas ou eventos o atrapalhem.

Agora que você tem uma atividade diária sacramentada, já está pronto para avançar mais um estágio: desenvolver um sentido profundo de segurança interior.

SERENIDADE: A CHAVE PARA A SEGURANÇA INTERIOR

Para mim, a metáfora perfeita para a meditação é "fechar a porta para o mundo exterior". Quando fechamos os olhos, apertamos um botão que nos conecta ao que está acontecendo dentro de nós e quase instantaneamente nos conscientizamos do que estamos pensando e de como nos sentimos.

Experimente fazer isso agora. Feche os olhos e respire profundamente três vezes. Sinta a mudança de energia em seu corpo e em sua mente.

Quando você se fecha para o mundo, começa a se dar conta de sentimentos e pensamentos que passariam despercebidos na correria do dia-a-dia. Por exemplo, você nota o ritmo de sua respiração e das batidas de seu coração. Ouve sons em que nunca tinha prestado atenção, como o zumbido do computador ligado ou o barulho do trânsito do lado de fora. Toma consciência de seus pensamentos e da atividade mental de preocupar-se, planejar, analisar tudo nos mínimos detalhes. Ao fechar os olhos e respirar profundamente, você aprenderá a se conectar com sua respiração e isso acalmará seu sistema nervoso. Sua mente também se acalmará e você conseguirá esvaziá-la. Você se tornará uma testemunha objetiva do momento presente.

Meditar pode ser um desafio para quem está acostumado a uma vida agitada. Com o avanço da tecnologia, mais ferramentas se tornam disponíveis e passam a solicitar cada vez mais nosso tempo e energia. Celular, correio de voz, e-mail, fax, correspondência e um leque de outras invenções nos bombardeiam com informações diariamente. O excesso de estímulos torna quase impossível sentar e ficar em silêncio.

Se você é como a maioria das pessoas, certamente já percebeu como a mente começa a se agitar quando tentamos ficar quietos. Assim que fechamos os olhos e respiramos, ela tenta nos puxar de volta, relembrando o que precisa ser feito (foco no futuro) ou o que ainda não foi feito (foco no passado). E essa torrente de pensamentos dificulta a prática da meditação.

Você não precisa ficar um mês em um retiro espiritual para aprender a permanecer em quietude. Há maneiras simples de experimentar a força do silêncio aqui e agora. Por exemplo, quando estiver em uma fila, feche os olhos por alguns segundos e repita mentalmente: "Que eu me sinta calmo. Que eu me sinta em paz. Que eu me sinta relaxado." Você pode usar esse mesmo exercício quando estiver parado no trânsito ou passando por um problema no trabalho.

Existe uma técnica de redução do estresse chamada "congelar a cena" que ajuda a acalmar a mente ao conduzir o foco de atenção para o coração. Consiste no seguinte: dirija sua atenção para longe da mente e coloque a mão sobre o peito. Respire e imagine o ar entrando e saindo através do coração e não da boca ou do nariz. A seguir, pense em uma cena agradável e positiva e continue "respirando pelo coração" pelo maior tempo que puder. Fazendo esse exercício, você acalmará sua mente e regulará suas batidas cardíacas, melhorando também o funcionamento do cérebro.

Gosto muito de uma técnica para viver o momento presente descrita por Eckhart Tolle no livro *O Poder do Agora*: "Feche os olhos e diga: 'Imagino qual será o meu próximo pensamento.' Depois fique bem alerta e espere pelo próximo pensamento. Aja como um gato espreitando o buraco do rato. Que pensamento será que vai sair do buraco do rato?"

Se tiver dificuldade em se concentrar no agora, continue imaginando qual será o seu próximo pensamento. Sente-se e espere pacientemente, saboreando a consciência do momento. Com a prática, você terá muito mais facilidade em permanecer nessa condição.

Quando fiz esse exercício pela primeira vez, compreendi imediatamente o que Eckhart Tolle queria dizer. Quando você se torna um observador atento de seus próprios pensamentos, inevitavelmente entra em um estado de consciência focado no presente, um estado atemporal e sem sofrimento. Com essa prática, você fortalecerá a capacidade de sua mente de permanecer tranqüila e ela se tornará um porto seguro que lhe permitirá recuperar seu poder.

É incrível como as pessoas ficam tão pouco centradas em seu eu. Em meus workshops, sempre que peço aos participantes para fecharem os olhos por cinco minutos e se conectarem com sua voz interior, muitos deles começam a chorar. Isso demonstra quão pouco escutamos a nós mesmos.

A experiência me ensinou que a maioria das pessoas precisa de algum tipo de auxílio quando começa a praticar a meditação. Sempre recomendo que utilizem gravações curtas (de 10 a 15 minutos) para guiar o processo. Se você tiver uma mente muito ocupada (e quem não tem?), essa talvez seja a melhor maneira de treinar manter o foco e relaxar. Freqüentemente somos bombardeados com pensamentos derrotistas na primeira tentativa. O objetivo é tornar a meditação uma atividade bem-vinda, não um dever a ser evitado. A voz calma dos CDs de relaxamento levará sua mente a um estado no qual aprenderá a escutar e a seguir as orientações.

Entre em ação! Aprenda a ficar sereno

Para ajudá-lo a se sentir confortável quando olhar para dentro de si mesmo, apresento um exercício simples que fortalecerá seus "músculos internos". Em vez de um roteiro pronto, essa meditação baseia-se em algo que você pode fazer em qualquer lugar e a qualquer hora: reviver sua lembrança favorita. Sente-se confortavelmente em uma cadeira ou deite-se no chão flexionando os joelhos. Não se preocupe em respirar da maneira *certa*. Confie em sua intuição para saber o que precisa fazer para sentir-se relaxado. Quando estiver pronto, siga estes três passos:

1. Respire várias vezes e relaxe.
2. Durante cinco minutos, pense em sua lembrança favorita em detalhes. Por exemplo, reveja mentalmente o dia de seu casamento, ou seu filho dando os primeiros passos, ou qualquer outro evento especialmente importante para você. À medida que relembra esses acontecimentos, permita-se ver, ouvir, cheirar, sentir a cena toda em detalhes vívidos.
3. Quando terminar, respire profundamente três vezes e retorne ao presente.

A idéia por trás dessa técnica é ensiná-lo a controlar seus pensamentos em momentos de quietude. Você pode variar o segundo passo: por exemplo, imagine-se fazendo algo de que gosta (pintando, nadando, correndo em um parque). O importante é permitir que sua mente sinta a experiência com riqueza de detalhes. Como você se sentiu? O que viu? O que ouviu? Sinta o prazer dessa lembrança. Nos primeiros estágios da meditação é mais fácil permanecer centrado se você se concentrar numa determinada coisa. Quanto mais praticar, mais fácil será permanecer relaxado, deixar seus pensamentos correrem livres e vivenciar o momento presente.

A meditação tem muitos benefícios, e um deles é nos ensinar a controlar os pensamentos para manter o foco em algo específico. Ela também melhora nossa capacidade de visualização – uma habilidade muito importante para conseguir o que se deseja. Sem falar do bem-estar físico que proporciona: relaxamento, diminuição do estresse e dos níveis de cortisol (hormônio de resposta ao estresse), fortalecimento da função imunológica e auxílio no tratamento de dores crônicas.

O mais importante de tudo é que aprender a meditar traz a experiência de conectar-se com uma presença muito maior e mais poderosa do que o seu eu interior: o inconsciente coletivo universal. Quando isso acontecer, você compreenderá que o valor da meditação é trazer a força e a paz que desenvolverão sua segurança e confiança em si mesmo.

APRENDA A CONFIAR EM SI MESMO

Aprender a confiar em si mesmo é essencial na construção das fundações da vida que você deseja. Uma das definições de "confiança" de que mais gosto é: "Confiança é apoiar-se na integridade, veracidade ou real disponibilidade de uma pessoa. A confiança está diretamente relacionada ao cuidado no uso ou na proteção." Em outras palavras, você aprende a acreditar em si mesmo quando se comporta de maneiras que honram e cuidam de quem você é.

Você é confiável? Para descobrir isso, avalie a si mesmo através das seguintes perguntas, utilizando uma escala de 1 a 10, onde 1 representa "nunca" e 10 representa "sempre":

- Até que ponto você atende às suas necessidades? Você dorme quando está cansado, come quando tem fome ou descansa quando se sente estressado?

- Você cumpre as promessas que faz a si mesmo? Por exemplo, se você pretendia passar a noite sossegado lendo um bom livro, você muda seus planos se aparece um convite inesperado?
- Você confia em si mesmo quando tem de fazer escolhas difíceis? Por exemplo, consegue terminar um relacionamento que enfraquece sua auto-estima ou deixar um emprego que não lhe traz nenhuma satisfação?
- Você reage quando alguém invade seu espaço ou se comporta de maneira inadequada? Por exemplo, é capaz de dizer claramente a um amigo que não gosta quando ele o provoca, julga ou critica?

O que aprendeu sobre você e sua lealdade a si mesmo? Escreva em seu diário as mudanças que precisa efetuar para se tornar mais confiável.

A capacidade de autocrítica depende de uma sólida base de segurança interior, da crença em si mesmo e da visão que você tem da própria vida. Suas ações devem demonstrar com clareza que você se preocupa com suas necessidades e seus desejos. Ao desenvolver esse tipo de confiança em si mesmo, você percebe como realmente se sente e aprende a usar seus sentimentos para guiar suas escolhas – que devem invocar o auto-respeito para que você se preocupe menos com as opiniões dos outros e tome decisões que apóiem o que você realmente quer e precisa.

FAÇA MENOS, SINTA MAIS

Muitos de nós lutamos para acompanhar o que acontece à nossa volta: computadores velozes, acesso rápido à internet, propagandas com mensagens curtas e notícias em flashes impõem um ritmo cada vez mais intenso, superestimulando nosso sistema nervoso. Isso tudo nos coloca diante de uma verdade fundamental: *vivemos em um mundo que nos força a dar as costas àquilo que é fundamental para promover um sentido mais profundo para nossas vidas – a capacidade de nos mantermos conectados com nossos sentimentos.*

Vivemos constantemente com alto nível de atividade mental: pensando, calculando, prevendo, planejando, analisando, fazendo, fazendo, fazendo. Esse foco exagerado na informação valoriza mais aquilo que *sabemos* do que aquilo que *sentimos*. Mas a experiência de levar uma vida rica e plena de satisfação não vem do "pensar", mas do "sentir". Por exemplo, quando você se reúne com amigos, provavelmente não é a discussão sobre política ou trabalho que lhe dá a sensação de união com eles, mas o sentimento de alegria e camaradagem que existe simplesmente por estarem juntos. O bate-papo pode ser intelectualmente estimulante, mas certamente é o riso, o amor e a sensação de identificação que são lembrados.

Os sentimentos são seu sistema de orientação interior, sua bússola emocional. Deixar que essa bússola dirija suas ações faz sua autoconfiança aumentar. Quando você tem fome, come. Quando está cansado, descansa. Quando se sente solitário, procura a companhia dos outros. Sob essa perspectiva básica, seus sentimentos fazem uma conexão com a parte mais sábia do seu ser, dizendo-lhe exatamente do que precisa em cada momento da vida.

Gosto quando, após minhas apresentações, as pessoas vêm me contar suas histórias. Freqüentemente, quando alguém começa a chorar ao relatar os detalhes de uma situação específica, logo se desculpa por suas lágrimas. Sempre digo que chorar faz bem, que as lágrimas são um sinal de que nossa alma está tentando comunicar algo importante. É visível o enorme alívio dessas pessoas ao "receberem permissão" para relaxar e expressar o que estão sentindo.

Desde crianças aprendemos a trancar nossos sentimentos dentro de nós. As meninas são orientadas a refrear sua sensibilidade, enquanto os meninos recebem uma ordem vigorosa para nunca derramar uma lágrima. Esse desrespeito com as emoções faz com que as pessoas vivam como sonâmbulas. Abrir o coração e permitir que os sentimentos aflorem pode ser ameaçador à primeira vista, pois provavelmente vivenciaremos momentos de tristeza, culpa, medo, raiva ou outras sensações desconfortáveis. Por isso, muitas pessoas evitam se conectar com suas emoções. Mas, ao longo da vida, aprendi que o sofrimento está mais relacionado à repressão dos sentimentos do que ao sentir propriamente dito. Na verdade, quando não expressamos o que sentimos, as emoções suprimidas podem ter um peso prejudicial à nossa saúde. Engolir a raiva, a tristeza ou a amargura pode acarretar depressão, doenças físicas e até a morte.

Lembro-me de uma senhora que teve coragem de se levantar durante um workshop e admitir que sua raiva tinha se tornado tão opressiva que ela não conseguia mais ter qualquer sentimento positivo. "Percebo que minha raiva sufocada faz com que eu não consiga me conectar com qualquer entusiasmo pela vida. Tenho toda essa raiva dentro de mim e não sei como resolvê-la", disse ela.

CONECTE-SE COM SEUS SENTIMENTOS

Como podemos nos conectar com nossas emoções? Recomendo que desenvolva três hábitos específicos. Em primeiro lugar, você precisa parar de fazer tantas coisas. Vá diminuindo um pouco por dia, para ter momentos de descanso e viver o momento presente. Em segundo lugar, crie o hábito de checar regularmente como está se sentindo. E, por fim, encontre um "espelho seguro": alguém em quem você confie e que o encoraje a expressar seus sentimentos mais profundos, enquanto simplesmente o escuta com a mente e o coração abertos.

Entre em ação! Anote em seu diário tudo o que você sente!

Na semana seguinte, crie um "diário do humor". Carregue-o com você e, durante o dia, faça pausas breves em horários diferentes: quando acordar, após o almoço, no meio da tarde ou quando você achar que será bom parar um pouco. Analise seus sentimentos e anote o que você está *sentindo*, e não o que está *pensando*. Sugiro que você copie as perguntas abaixo em seu diário e as responda cada vez que fizer este exercício. Feche os olhos, respire profundamente algumas vezes e responda:

O que estou sentindo neste momento?
Que sensações consigo identificar em meu corpo?
Que imagens aparecem em minha mente?
O que estes sentimentos e imagens estão tentando me dizer?
Eu quero ou preciso de algo? O quê?

Tive uma cliente, Isabelle, que usava o alarme do relógio para se lembrar de fazer seu check-up de sentimentos. Sempre que o alarme tocava, ela parava, fechava os olhos e prestava atenção em como se sentia naquele exato momento. A seguir, fazia as anotações em seu diário. Com a prática, Isabelle começou a perceber uma conexão mais forte com seu interior durante o dia, independentemente de o alarme tocar ou não. Essa atividade diária gerou uma clara mudança em seu relacionamento com os outros: ela estava mais ligada às pessoas que amava e a seus colegas de trabalho e começou a sentir uma profunda gratidão por sua vida.

Entre em ação! Agende um horário com um amigo

Estar com um amigo ou um parente é outra chave para sintonizar-se com seus sentimentos. Não há nada melhor do que passar um tempo relaxado, conversando com alguém que o encoraje a revelar seu verdadeiro eu. Embora você acabe encontrando naturalmente com as pessoas do seu círculo mais íntimo, é importante reservar um horário para estar com elas com mais regularidade. Quando adquirir o hábito de compartilhar sua vulnerabilidade e sensibilidade com aquele em quem confia, você terá vontade de fazer isso freqüentemente. Conversas superficiais se desgastam com facilidade. Lembre-se de que você só deve se abrir com quem se sente seguro, pois esta é uma maneira de construir a autoconfiança.

Com quem você vai dividir seus sentimentos? Com que freqüência vocês se encontrarão? Talvez seja com seu parceiro ou até mesmo com seu grupo de apoio. Vocês podem iniciar cada reunião com 5 ou 10 minutos de meditação. A seguir, quando for sua vez de falar, expresse sinceramente o que está sentindo no momento. Dê a cada pessoa a chance de falar enquanto os outros participantes do grupo assumem o papel de testemunhas. Quando terminarem, concluam o encontro com alguns minutos de silêncio para celebrar o tempo que passaram juntos.

Entre em ação! Cure seus bloqueios emocionais

Ao se tornar mais conectado com o que sente, você provavelmente precisará resolver algumas questões emocionais que surgirão: alguma raiva mal resolvida ou ressentimento com algum parente, uma lembrança dolorosa que repentinamente aflora. Quando isso acontecer, é importante manter-se ligado aos seus sentimentos, sem se esconder deles ou ignorá-los. Como uma cliente resumiu com muita sabedoria: "Sua dor estará sempre esperando por você."

Entre em ação! Analise seu dia para identificar suas emoções

Outra maneira de restabelecer a relação com seus sentimentos é revisar todo o seu dia com a intenção de associar emoções a eventos específicos. Com essa perspectiva, você vai além do nível superficial e começa a se conectar mais profundamente com as situações que viveu. Comece a fazer isso agora mesmo, respondendo às seguintes perguntas:

- Que evento(s) significativo(s) tive hoje? (Uma ótima conversa com meu melhor amigo, uma visita a um cliente que me tira do sério, uma reunião em que cobrei muito da minha equipe.)
- Como me senti durante e após esse(s) evento(s)? Quais foram minhas reações?

Você também pode anotar seus sonhos. Eles são uma janela com uma vista sensacional para a vida interior. Ao acordar pela manhã, anote tudo o que conseguir lembrar, todas as sensações que vierem à tona. Com o passar do tempo, você não apenas se lembrará mais dos seus sonhos como também passará a se sintonizar com as mensagens enviadas por seu subconsciente.

Aqui estão algumas maneiras de se conectar com o que você sente:

- Massagem terapêutica
- Psicoterapia corporal (terapia que inclui trabalho corporal para desbloquear emoções)

- Psicodrama (forma de terapia na qual as pessoas dramatizam seus problemas e resoluções)
- Aulas de improvisação de teatro
- Passar mais tempo com crianças

Agora que você começou esta importante jornada para desenvolver um relacionamento mais profundo e significativo com você mesmo, não se esqueça destas cinco mensagens importantes:

- Seus pensamentos são como ímãs. Eles vão moldar sua vida.
- Passe algum tempo regularmente com você mesmo.
- Diminua seu ritmo de vida. Faça menos e sinta mais.
- Crie e mantenha hábitos diários para construir uma base sólida de autoconfiança.
- Você sempre tem opções.

Depois de rever essas cinco mensagens, defina três ações que você está determinado a realizar e anote-as em seu diário. Continue trilhando esse caminho e entrando em ação sempre que for necessário até poder responder com sinceridade à pergunta "Quem você pensa que é?".

2

DEFINA SEUS VALORES

ANOS ATRÁS, UM DOS CURSOS do meu programa de treinamento na Coach U me ensinou muito sobre mim mesma. Um dos princípios básicos dessa organização é que, para melhor ajudar seus clientes, o treinador precisa estar firmemente comprometido em melhorar sua própria qualidade de vida. Para seguir essa filosofia, os profissionais têm de completar programas de autodesenvolvimento e utilizar os testes de avaliação que possivelmente vão aplicar em seus clientes.

Um dos métodos, chamado de Programa dos Valores Essenciais, foi desenvolvido para ajudar as pessoas a descobrirem suas qualidades fundamentais e organizarem suas vidas baseadas nelas. Valores são a essência das coisas mais importantes para nós. Quando completei meu teste, percebi claramente a relação entre meus valores e minha tarefa divina. Essa foi a primeira percepção que tive de como usar meus dons e talentos em benefício dos outros.

Quando ajudo meus clientes a identificarem seus valores, eles começam a se reconectar consigo mesmos de forma significativa. A vida começa a fazer sentido, os caminhos se abrem à sua frente e eles passam a ter uma sensação de realinhamento que os faz distinguir as coisas em que deveriam e não deveriam gastar seu tempo e energia.

À medida que você explorar e redescobrir seu eu interior, notará que identificar seus valores vai fornecer uma compreensão mais profunda e espiritual de você mesmo.

Entre em ação! Identifique seus valores essenciais

Para ajudá-lo a identificar seus valores, criei o seguinte exercício: leia a lista abaixo e circule qualquer palavra ou expressão que lhe pareça importante. Preste atenção nas palavras que parecem pular da página e "escolher" você e também nas que simplesmente parecem certas para você. Talvez você fique inclinado a circular aquelas que acredita que *deveria* escolher e não as que realmente *deseja*. Marque qualquer uma que traduza sua essência e não pense muito. Você pode até fechar os olhos, respirar profundamente, estabelecer uma conexão entre sua mente e seu coração e então fazer suas escolhas.

Lista de valores

Abundância
Ajudar
Alerta
Alterar
Amor
Apoiar
Apostar
Aprender
Arriscar
Artístico
Atento
Atrair
Aumentar
Aventura
Beleza
Bênção
Bravura
Brincadeira
Busca incansável
Calmo
Capaz
Causar
Coerente
Completo
Compreender
Comunidade
Conceber
Conexão
Confiável
Conforto
Construir
Contato
Contentamento
Contribuir
Controle
Coragem
Criar
Curtição
Curtir
Dedicação
Deleite
Descobrir
Desenho
Detectar
Detonar
Devoção
Dinamizar
Direto
Discernir
Distinguir
Divertimento

Divertir-se
Dom
Drama
Educar
Elegância
Empreitada
Encorajar
Energia
Energizar
Enfatizar
Ensinar
Entreter
Entusiasmo
Esclarecer
Espaço
Especialista
Especular
Espírito
Espontâneo
Esportes
Estabelecer padrões
Estado de graça
Estar acordado
Estar alegre
Estar associado
Estar conectado
Estar consciente
Estar integrado
Estar ligado
Estar presente
Estimular
Excelência
Experiência
Experimentar
Explicar
Expressivo
Família
Fluxo de energia
Fornecer
Fortalecer
Frio na espinha
Ganhar (dos outros)
Glamour
Gosto
Governo
Gratidão
Guiar
Honesto
Honrar
Humor
Imaginação
Impacto
Influenciar
Informar
Ingenuidade
Inquisitivo
Inspirar
Instruir
Integrar
Integridade
Inventar
Ir sempre em frente
Jogar
Levantar o moral
Liberdade
Libertar outras pessoas
Liderar
Magnificência
Matricular
Mediar
Melhorar
Mente aberta
Ministro
Modelo
Montar
Nutrir
O desconhecido
O maior/melhor
Observar
Ofertar
Orquestrar
Ousar
Paciente
Paz
Pensar nos outros
Perceber
Perfeito
Perigo
Perseverar
Persuadir
Pessoas
Placar
Planejar
Prazer
Preparar
Prevalecer
Procurar
Proporcionar
Radiante
Reagir
Realizar
Refinar
Regra
Reinar
Relacionado com Deus
Relacionar
Religioso
Respeito
Resplandecer
Responsável
Revelar
Riqueza
Rir
Romance
Saber
Sagrado
Satisfeito
Saúde
Seco
Segurança
Sensação
Sensual
Sentido
Sentir
Sentir paixão em tudo que faz
Sentir-se bem
Ser alegre
Ser espiritual
Ser sensível
Serenidade
Servir (ao próximo)
Sincero
Sintetizar
Sonho

Superar	Ternura	Triunfar	Verdade
Superioridade	Toque	Único	Virar
Tarefa	Transformar	Unir	Vivenciar
Ter compaixão	Treinar	Ver	Vulnerável

Depois de circular tudo o que quiser, escreva em seu diário outras palavras ou expressões importantes para você, mas que não foram mencionadas. Agora faça um resumo, criando uma lista dos 10 valores que considera *realmente* essenciais. Releia essa lista com cuidado. Como você se sente diante dessas palavras? Elas parecem representar uma parte profunda do seu ser? Elas representam alguém que você deseja ser ou algo que gostaria de fazer? Você sente alguma esperança ou entusiasmo ao olhar para elas?

Agora é preciso resumir a lista ainda mais: escolha somente as quatro palavras mais importantes de todas. Algumas pessoas conseguem reconhecê-las imediatamente, outras se sentem frustradas com a idéia de desistir das outras seis. Relaxe, não há uma resposta perfeita. Seus valores podem mudar à medida que você se conhece melhor. Pronto? Então anote em seu diário seus quatro valores essenciais.

Olhe para a lista e pense em como essas palavras fazem você se sentir. Elas fazem você sorrir, sentir-se satisfeito? Esses são seus valores essenciais.

Analisando suas escolhas, responda sem pressa às seguintes perguntas:

- O que você aprendeu sobre si mesmo com o exercício?
- Como esses valores já se manifestam em sua vida?
- Quais valores ainda precisam ser revelados?
- Como eles influenciam suas ações?
- Como você descreveria alguém que possui tais valores?

Você pode discutir essa última pergunta com seu parceiro ou seu grupo de apoio para adquirir uma nova perspectiva de si mesmo. Por exemplo, cada participante pode levar sua lista anotada num papel na próxima reunião. Os papéis podem ser colocados em um recipiente e cada membro do grupo pegará um. A seguir, cada um descreverá o tipo de pessoa que melhor representa aqueles valores listados. Por exemplo: se um papel apresentar uma lista com "amor, divertimento, aprender e comunidade", essa pessoa pode ser descrita como "alguém de mente aberta, que gosta de aprender coisas novas, de se divertir e de estar na companhia dos outros. Alguém que dá grande importância à família e que, provavelmente, está envolvido com sua comunidade".

Alguns de meus clientes dizem que, depois de terem listado seus valores, sentem que se conheceram melhor. Outros descobrem "uma nova orientação na vida". Há ainda alguns que experimentam uma profunda tristeza quando percebem que suas vidas não têm nada a ver com os valores que escreveram.

As palavras que você escolheu podem representar mais um desejo do que aquilo que já existe em sua vida. Mas não se preocupe com isso. A experiência me ensinou que, se seus valores expressam uma necessidade, um objetivo ou um dom em particular, eles simbolizam algo que se relaciona com sua tarefa divina – seu desenvolvimento pessoal e espiritual e sua maneira de ajudar os outros.

Na primeira vez que fiz esse exercício, muitos anos atrás, meus quatro valores essenciais foram: inspirar, criar, estar conectado e aprender. Analisando-os mais tarde, percebi que indicavam claramente meu futuro como escritora, professora e como uma pessoa preocupada com os outros. Naquela ocasião, o valor "estar conectado" era mais uma necessidade do que um fato, pois agora vejo que eu precisava de mais conexões pessoais em minha vida. Dessa necessidade cresceu o desejo de estender isso às outras pessoas, o que consegui realizar com o meu trabalho.

Seus valores não precisam representar um trabalho que você deseja realizar, e sim as coisas de que necessita para se tornar o melhor ser humano que puder. Por exemplo, uma cliente escolheu "beleza", já que ela expressa esse valor criando coisas belas em todas as áreas de sua vida. Ela sempre coloca flores frescas em sua casa, está regularmente em contato com a natureza e adora usar roupas bonitas.

É sempre interessante observar as reações das pessoas ao concluírem sua lista. Lembro-me de um workshop que fiz em Nova York em que uma jovem simplesmente não conseguia parar quieta na cadeira. Quando chegou sua hora de falar sobre os quatro valores que tinha selecionado (entusiasmo, experiência, divertir-se e contribuir), ela disse: "Agora sei por que adoro ensinar teatro às crianças da minha cidade. Tudo faz sentido: estou neste mundo para compartilhar meu entusiasmo pela vida com os outros e ajudá-los a se divertir! Também percebo que estou perdendo meu tempo no escritório de advocacia do meu tio, onde tento me adaptar a um emprego que não representa quem eu sou."

Apesar de experimentar uma genuína alegria ao identificar seus valores, talvez você sinta uma certa timidez ao falar sobre eles. Outra participante do workshop, Maureen, relutou em comentá-los: "Eles parecem nobres demais." Ao ler sua lista em voz alta, ela foi se encolhendo a cada palavra: "Inspirar, relacionado com Deus, liderar e sentir paixão em tudo o que faz." Compreendi o que estava incomodando Maureen. Fomos treinados para ser modestos e encarar uma essência espiritual grandiosa a embaraçava.

O que você descobriu sobre si mesmo ao fazer o exercício? Seus valores realmente se manifestam em sua vida? O que seria diferente se eles tivessem um peso maior no seu dia-a-dia? À medida que seguir o programa, você reconhecerá seus verdadeiros princípios com maior clareza. Mas, por enquanto, você deveria escrevê-los em um cartão e mantê-los à vista (colados em um espelho, sobre sua mesa de trabalho, em sua carteira, etc.). Sente-se, relaxe e olhe para eles de vez em quando para que sejam absorvidos. Você pode revisá-los e aprimorá-los sempre que quiser e sentirá um genuíno entusiasmo ao seguir em frente.

HORA DE MUDAR

Depois de compreender quais são seus valores essenciais, você provavelmente vai enxergar o que precisa mudar na sua vida. Talvez encontre alguma resistência e ouça uma voz interior dizendo "Tudo está bem do jeito que está", ou "Eu nunca poderia fazer isso porque...", ou ainda "Eu não mereço...". A vida inteira nos estimularam a evitar mudanças, por isso, quando tentamos modificar alguma coisa, temos a sensação de que não estamos fazendo a coisa certa.

As mudanças nos causam angústia porque estamos desistindo de algo sem saber o que ganharemos em troca. O medo do desconhecido é aterrador, pois sempre vem acompanhado de fantasias negativas. Você consegue imaginar que uma mudança traga resultados positivos?

Entre em ação! Prepare-se para as mudanças

Para ajudá-lo a se preparar para as mudanças que vão centrar sua vida nos seus valores, gostaria de propor um pequeno "aquecimento". Durante a próxima semana, faça uma pequena mudança a cada dia. Por exemplo, você poderá:

Mudar a ordem do que faz de manhã.

Almoçar em um restaurante diferente.

Experimentar um prato que nunca comeu.

Voltar para casa por outro caminho.

Usar uma roupa que não costuma vestir.

Agora é a sua vez. O que você fará de diferente a cada dia da semana? A idéia deste exercício é fazer você se sentir à vontade com as mudanças. Lembre-se de que elas são muito menos dolorosas do que imaginamos. Em vez de pensar que está perdendo alguma coisa importante, veja isso como algo positivo. Pesquisas recentes mostraram que mudar a rotina melhora a atividade cerebral e pode até desacelerar o processo de envelhecimento. Quando a resistência ou o medo aparecerem, procure a ajuda de seu parceiro ou do grupo de apoio.

Agora que você já está se acostumando com as mudanças, vamos dar o próximo passo: analisar algumas coisas que você poderá mudar para centrar sua vida em seus valores essenciais.

SUA VIDA REFLETE SEUS VALORES?

Ao analisar seus quatro valores essenciais, você se sente satisfeito? Em que você precisa mudar? Quando fiz este exercício com Greta, participante de um dos meus workshops, seus 10 valores eram os seguintes:

1. Amor
2. Ser alegre
3. Coragem
4. Deleite
5. Divertir-se
6. Rir
7. Aprender
8. Paz

9. Estimular
10. Gratidão

Ao enxugar sua lista, optou por:

1. Ser alegre
2. Amor
3. Aprender
4. Coragem

Então, Greta identificou as mudanças que gostaria de implementar e escreveu em seu diário:

1. Passar mais tempo com as pessoas que amo.
2. Fazer o curso de mergulho com que sonho há anos.
3. Morar no interior.
4. Estudar Italiano.
5. Cuidar mais de mim mesma.
6. Permitir que a alegria prevaleça em minhas decisões.

Agora, usando os *seus* quatro valores essenciais, pense nas mudanças que *você* precisa fazer. Para começar, analise bem a sua lista. Ao pensar nas perguntas abaixo, anote todas as possíveis mudanças que você poderia efetuar para que esses valores tivessem mais expressão.

- Como minha vida precisa mudar para que esses valores se manifestem?
- O que preciso acrescentar à minha vida?
- O que preciso remover da minha vida?
- Quais as principais mudanças que precisam ser feitas?

Livre sua mente de qualquer censura ao responder a essas perguntas. Simplesmente escreva o que lhe vier à cabeça, sem se preocupar se algo é impossível ou lhe dá medo. Tome nota das mudanças que deve fazer. A seguir, reavalie a lista e selecione os três itens mais importantes. Agora, responda:

Que tipo de pessoa eu teria de ser para efetuar essas mudanças?

Alguém que toma decisões mesmo quando elas podem magoar ou desapontar os outros? Alguém que não tem medo de expressar sua força interior? Talvez precise ser alguém que tenha coragem de dizer "não" e que se valorize o suficiente para aceitar o melhor da vida.

Releia as três grandes mudanças que precisa efetuar. Guarde essa lista, pois ela será usada novamente um pouco mais à frente. Se essas transformações lhe parecerem desafiadoras demais, não se preocupe. Você tem dentro de si tudo de que necessita para torná-las realidade.

Nos próximos quatro capítulos você passará por um programa de treinamento interior que desenvolverá as capacidades necessárias para levar uma vida bem-sucedida. Ao começar a cultivar um relacionamento mais sólido consigo mesmo, você já deu um enorme passo na direção certa.

Voltaremos nosso foco agora para as estratégias que o ajudarão a expressar sua força interior e que lhe fornecerão a linguagem e as habilidades imprescindíveis para dizer sempre a verdade com respeito e consideração. A seguir, nos divertiremos muito desenvolvendo seus "músculos de coragem" com exercícios que o desafiarão a sair de sua zona de conforto. E, por fim, à medida que sua auto-estima aumentar, você aprenderá a não aceitar nada menos do que o melhor.

Se continuar praticando esses exercícios, você perceberá que a timidez ou a hesitação ao se expor aos outros vai lentamente se tornar uma força latente que canalizará seus esforços para expressar seus valores essenciais. Eles se tornarão uma energia que o impelirá a vencer a timidez, a dúvida e o medo do que os outros possam pensar. Ao terminar essa parte do programa, você se sentirá motivado e entusiasmado a efetuar essas mudanças.

3

PARE DE ESCONDER SUA FORÇA INTERIOR

DURANTE UM WORKSHOP QUE FIZ sobre auto-estima, observei Lilly, uma jovem bonita e inteligente. Sempre que levantava a mão para falar, antes de qualquer comentário, ela dizia frases do tipo: "Isso pode parecer um pouco tolo, mas..." ou "Não tenho certeza se isto está certo, mas....". Sua hesitação me parecia estranha, pois Lilly era claramente uma das mulheres mais inteligentes daquela sala. Quando respondia a uma pergunta ou compartilhava suas idéias sobre um assunto, suas respostas eram sempre bem formuladas e iam direto ao âmago da questão. Tive então a intuição de que seu nível intelectual era exatamente o motivo pelo qual ela usava esses preâmbulos.

Decidi conversar com Lilly sobre seu comportamento. Ela sorriu, envergonhada, e admitiu que temia parecer uma "sabichona". Enquanto explorávamos a razão de seu temor, ficou evidente que ela *realmente* possuía um vasto conhecimento. Tinha sido uma excelente aluna desde o jardim-de-infância, aprendera a ler aos quatro anos, terminara a escola dois anos antes do usual, recebera uma bolsa de estudos para a faculdade e era a única de sua família a conseguir um diploma de nível superior.

Lilly era considerada brilhante não só por seus parentes, mas também por seus colegas e amigos. No entanto, sua inteligência a fazia se sentir uma intrusa. À medida que seu desconforto crescia, ela passou a não demonstrar tudo o que sabia para não se sentir diferente dos outros. Lilly aprendeu a esconder seu poder com palavras.

O QUE É O VERDADEIRO PODER?

O poder é o combustível de nossas ações. Ele é a energia espiritual que vem de uma vida íntegra e do alinhamento de pensamentos, palavras e ações com a sua alma. A base de seu desenvolvimento pessoal e espiritual reside em criar esse alinhamento.

A maioria de nós acha que o poder reside na confiança, força ou coragem para fazer o que queremos de nossas vidas. Na verdade, essas qualidades emergem como resultado do viver com integridade. Assim como uma pintura ganha vida com a união de espaço, criatividade e energia, você atingirá seu poder máximo ao começar a pensar, falar e comportar-se de maneira coerente com o seu eu espiritual.

Ao cumprir sua tarefa divina, investindo em seu desenvolvimento pessoal e ouvindo sua sabedoria interior, você naturalmente começará a viver de forma mais harmônica. Essa será a base sólida na qual você se apoiará para trazer esse trabalho interior para o mundo exterior. Ao longo do programa, você fortalecerá essa base e não sentirá mais vontade de manter os velhos hábitos que impedem o seu eu de se expressar com plenitude. Mas você precisará parar de esconder seu maior poder: sua força interior.

POR QUE ESCONDEMOS NOSSA FORÇA INTERIOR?

Há anos observo pessoas inteligentes e talentosas diminuindo sua força interior através de pensamentos, palavras e ações. Vejo clientes consumidos pela dúvida deixarem de dar importantes passos em direção às metas que almejam. Escuto-os se diminuírem apesar do talento que possuem, inconscientemente sabotando seu sucesso ao não tomar as atitudes necessárias para realizar seus sonhos. Não há nada mais triste do que observar alguém com um incrível poder interior forçando-se a mantê-lo sob controle.

Escondemos nossa força por vários motivos. Por exemplo, se foi criado de acordo com regras do tipo "Não seja exibido" ou "É feio ficar se mostrando", você pode ter aprendido que sempre há conseqüências negativas para quem se sente muito seguro de si. Se seu pai ou sua mãe estavam constantemente irritados e com raiva, você pode ter tido dificuldades de se expressar plenamente. Muitos de nós recebemos mensagens (diretas e indiretas) para sermos modestos, humildes ou contidos. Apesar de essas características poderem ser encaradas como virtudes, quando levadas ao extremo elas nos forçam a refrear os talentos e os dons que Deus nos concedeu.

Qualquer que seja seu motivo para esconder sua força interior, o que mais importa *agora* é o que você vai fazer para mudar essa situação. Como você já começou a desenvolver um relacionamento mais intenso consigo mesmo, está na hora de parar de esconder o seu poder para desenvolver a força emocional e a confiança necessárias para centrar sua vida em seus valores.

COMO ESCONDEMOS NOSSA FORÇA INTERIOR?

De que maneira você se diminui, se refreia ou mascara seus talentos? Como Lilly, você pode "equilibrar" suas conversas com palavras que diminuem sua inteligência. Pode ser que tenha o hábito de se depreciar ou até de fazer piadas maldosas sobre si mesmo. Talvez você faça tudo para se esquivar de elogios porque não quer chamar a atenção dos outros. Por isso, gostaria de conscientizá-lo de como *você* pode estar sendo um empecilho para seu próprio sucesso.

Para determinar como está escondendo sua força, leia as frases abaixo e marque as que se aplicam a você.

1. _____ Quando um amigo se deprecia, eu me junto a ele dizendo algo como "Se você acha que isso é ruim, espere até ouvir o que eu faço".
2. _____ Sempre adio as coisas.
3. _____ Sinto-me invadido e dominado por pensamentos negativos.
4. _____ Sempre peço desculpas, mesmo quando não fiz nada de errado.
5. _____ Tento esconder minha beleza natural pela maneira como me visto.
6. _____ Tenho a tendência de sempre imaginar a pior conseqüência possível.
7. _____ Para fazer um pedido, dou voltas e mais voltas para ser bem-educado.
8. _____ Meus amigos comentam que tenho uma tendência a diminuir meus talentos.
9. _____ Passo mais tempo pensando em minhas fraquezas do que em meus pontos fortes.

10. _____ Correr riscos é uma agonia para mim, por isso sempre faço o que é mais seguro.
11. _____ Em meu trabalho, cobro (ou aceito) menos do que mereço.
12. _____ Sempre respondo a uma pergunta começando com expressões como "Isso pode ser bobagem, mas...".
13. _____ Tenho o hábito de me juntar a pessoas que têm baixas expectativas.
14. _____ Preocupo-me com tudo.
15. _____ Não aceito elogios com facilidade.

Vamos ver como você se saiu. Siga as orientações abaixo:

- Se você respondeu "sim" às questões 1, 4, 7, 8 e 12, você tem uma tendência a esconder sua força interior através das palavras.
- Se você respondeu "sim" às questões 2, 5, 11, 13 e 15, você tende a esconder sua força interior através das ações (ou inações).
- Se você respondeu "sim" às questões 3, 6, 9, 10 e 14, você tende a esconder sua força interior através dos pensamentos.

Como pode ver, os exemplos acima se encaixam em três categorias:

- Pensamentos – o que você pensa
- Palavras – o que você diz
- Ações – o que você faz (ou deixa de fazer)

Aquilo que pensamos exerce uma poderosa influência sobre nossas vidas. Pensamentos são criativos e se tornam um trampolim para nossas emoções, palavras e atitudes. Quando você os expressa através das palavras, eles se tornam ainda mais poderosos. E, ao agir sobre esses pensamentos, sua ação passará a definir sua experiência. Lembre-se do seguinte: *Tudo o que acontece em sua vida está diretamente conectado a seus pensamentos, suas palavras e suas ações.* Quando você consegue alinhar os três e usá-los de acordo com seus valores, está usando sua força interior mais plenamente.

Você lerá muitas vezes ao longo deste livro que *a consciência é o primeiro passo em direção à mudança.* Quanto mais consciência você tiver de como esconde sua força, mais naturalmente seu comportamento mudará. E, quando isso acontecer, você se sentirá melhor consigo mesmo, começará a fazer escolhas que inspiram respeito e sua autoconfiança e auto-estima aumentarão. Mas, acima de tudo, você começará a dar contribuições mais valiosas aos outros, compartilhando com eles todos os seus dons.

Reflita sobre essas três áreas e identifique de que formas você esconde sua força. Vamos começar pelos pensamentos.

O QUE VOCÊ ESTÁ PENSANDO?

Nós *nunca* conseguiríamos enganar os outros como enganamos a nós mesmos. Temos uma feroz autocrítica que constantemente nos envia mensagens negativas do tipo "Ela é mais inteligente do que eu", "Não tenho disciplina suficiente para fazer o que quero" ou "Sou gordo, feio ou velho demais". Mas lembre-se: *seus pensamentos dirigem o curso da sua vida.* Aquilo em que você foca sua atenção determina o que aparece à sua frente. Se sua mente se detém sempre em pensamentos ruins, você começará a ter experiências negativas. Essa é uma lei universal. A melhor maneira de expressar sua força interior é usar sua mente de maneira inteligente.

A maioria de nós começa a se punir mentalmente ainda na infância. Quando somos repetidamente direcionados, corrigidos e criticados por nossos pais, professores, líderes religiosos, colegas de escola ou vizinhos, sentimos vergonha. Se isso acontece na frente dos outros, nossa vergonha é ainda maior, destruindo nossa capacidade de usar nossa força. Por exemplo, apesar de bem-intencionados, seus pais podem tê-lo punido na frente de seus irmãos. Ou um professor pode ter lhe dado uma bronca diante da classe. Mesmo as provocações dos amigos aprofundam a vergonha que sentimos. Internalizamos essas censuras e então começamos a monitorar os pensamentos e comportamentos mais criticamente. Por exemplo, meu cliente Patrick lembra até hoje como seus colegas da quinta série implicavam com ele, durante a aula de educação física, por ser gordinho. Até hoje ele tem de controlar a autocrítica por não estar em perfeita forma.

Esses acontecimentos da infância influenciam nossa capacidade de expressão. Eventos passados que fizeram com que nos sentíssemos humilhados afloram e acabam interferindo em nossas vidas mesmo quando já somos adultos. No início da minha carreira, prestei consultoria para pessoas que tinham sido demitidas. Eu pedia que falassem sobre as experiências que poderiam influenciar negativamente sua autoconfiança e que descrevessem o que vinha imediatamente à sua mente. Uma em cada três pessoas se lembrava de ter sido humilhada ou envergonhada na frente de colegas na escola. E esses clientes eram quase sempre os mais inseguros ao procurar um novo trabalho.

No início me surpreendi com essa associação, mas acabei entendendo por que isso acontecia. Como essas pessoas estavam prestes a efetuar grandes mudanças em suas vidas, precisavam se sentir seguras; no entanto, estavam vulneráveis. Essa fragilidade acionava lembranças negativas e libertava o senso crítico que questionava seus talentos e capacidades. Isso tornava difícil para elas recobrarem a confiança e venderem bem sua imagem durante uma entrevista.

Mais tarde, trabalhei com outros clientes que enfrentavam o mesmo problema. Eles estavam dando os primeiros passos em direção às suas metas e também lutavam contra o crítico interior que constantemente minava seu poder. Lembro-me de um empresário talentoso que temia ser acusado de se exibir demais em seu currículo. O mais curioso é que quanto mais talentosa a pessoa, mais pronunciado é o seu senso crítico.

Vi um bom exemplo disso numa aula de improvisação teatral da respeitada atriz, professora e palestrante motivacional Daena Giardella. Ela desenvolveu um método de dialogar com o crítico interior usando uma técnica que chamou de "colocar para fora". Essa técnica encoraja os atores a sair de cena e trazer à tona sua voz interior.

Durante uma aula, Daena pediu a um jovem ator que improvisasse um monólogo. Sentei para assistir à atuação, pois o rapaz era muito bom e sempre tinha ótimas tiradas. No meio de seu fantástico monólogo, ele começou a gaguejar e imediatamente Daena gritou: "Colocar para fora!" Fiquei abismada com o que saiu da boca do rapaz. Obedecendo ao comando, ele começou a gritar: "Você é um horror! Você se considera um ator? Essas pessoas estão se perguntando por que estão perdendo seu tempo aqui hoje. Você não poderia ser ator nem se dependesse disso para viver! Você me dá nojo!"

Enquanto ouvia o jovem depreciar sua atuação, fiquei surpresa com a percepção errônea que ele tinha de si mesmo. Ele foi o mais vívido exemplo de quão duros podemos ser com nós mesmos.

O CRÍTICO INTERIOR

Nossas vozes críticas dão à luz um juiz interno que constantemente nos relembra de nossos erros e imperfeições. Conversas com clientes e participantes de meus seminários me fizeram acreditar que todos nós possuímos esse crítico interior. Ele pode usar palavras diferentes, mas a intenção e os efeitos são sempre os mesmos: roubar nossa força e nossa confiança. Se você permitir que ele assuma o controle, acabará vivendo uma vida restrita e sem alegrias.

Falar em público me deu a excelente oportunidade de trabalhar com meu crítico interior. Apesar de já ter feito centenas de apresentações, ainda preciso lutar contra os mesmos medos e ansiedades que a maioria das pessoas. Sempre que piso num palco, tento acalmar as vozes que dizem "Você deve estar brincando! Ninguém gosta do que você diz" ou "Você não está inspirando ou motivando ninguém!". E, como todo palestrante sabe, a pior hora para o seu crítico interior se manifestar é *durante* uma apresentação. Ao dar atenção à torrente de pensamentos negativos e "superanalisar" tudo o que diz, você perde a conexão com a platéia e o resultado é o que você mais temia: uma apresentação com qualidade bem inferior à que você desejava.

Finalmente compreendi a fonte de meu problema durante uma conversa com Debbie Ford, autora de *O lado sombrio dos buscadores da luz*. Ela disse algo que diminuiu muito minha ansiedade: "Você não está preocupada com a platéia quando está fazendo uma apresentação, e sim preocupada com o que *você* está pensando, pois tem medo de enfrentar seu crítico interior quando a palestra acabar."

Debbie tinha razão. Assim que descia do palco, eu começava a depreciar minha performance, pensando no que deveria ou não ter dito e me mortificando por erros que julgava ter cometido. Em todos os anos em que falei em público, meu maior medo era das críticas que *eu mesma* me fazia. Enquanto não aprendesse a "ficar do meu lado", independentemente de quão boa ou ruim tivesse sido uma apresentação, meu crítico interior continuaria a corroer minha confiança, roubar meus momentos de alegria e me impedir de usar minhas capacidades plenamente.

Entre em ação! Monitore os pensamentos que escondem sua força

Como os pensamentos afetam a nossa capacidade de usar a força interior? Para descobrir a resposta, monitore seus pensamentos durante um dia inteiro. Coloque seu diário ao lado da cama e, ao acordar, anote seus primeiros pensamentos. Leve o diário com você e pare algumas vezes durante o dia para anotar o que está passando por sua mente. Por favor, não julgue esses pensamentos: torne-se simplesmente uma testemunha imparcial de seu diálogo interior.

Ao final do dia, leia e revise o que você escreveu. Quantos pensamentos foram otimistas, o incentivaram, aumentaram sua confiança ou apoiaram seu bem-estar? E quantos fizeram você se sentir desanimado ou o impediram de expressar sua força plenamente? Houve algum tema recorrente? Por exemplo, você criticou sua aparência física, seu desempenho no trabalho ou a qualidade do relacionamento com seus filhos? Se você for como a maioria das pessoas, notará que a maior parte de seus pensamentos é derrotista e rouba sua força. Você pode ter pensado coisas como:

Eu sempre faço tudo errado.

Para que começar? Nunca termino o que me proponho a fazer.

Que coisa mais idiota eu falei!

Eu não tenho capacidade para isso.

Não possuo as habilidades necessárias para ser bem-sucedido.

Acho que não sou um bom exemplo para meus filhos.

Ninguém está interessado no que estou dizendo.

Como eu sou preguiçoso!

Fique quieto para não parecer estúpido.

Eu não mereço isso.

Não importa quanto eu tente, nunca vou conseguir.

Eu vou parecer mais esperto do que os outros.
Qualquer um pode fazer isso melhor.

Entre em ação! Liste os pensamentos que escondem sua força

Agora é sua vez. Releia suas anotações e escreva, em seu diário, seus 10 pensamentos críticos mais recorrentes. Mostre a lista para seu parceiro ou grupo de apoio. Talvez você se surpreenda com o que irá ouvir. Quando peço aos participantes de meus workshops que façam suas listas e mostrem uns aos outros, eles sempre ficam espantados com a semelhança entre seus críticos interiores!

PRESTE ATENÇÃO NO QUE DIZ

Nossos pensamentos geralmente são traduzidos em palavras, e as palavras que escolhemos têm um papel determinante na forma como aumentamos ou diminuímos nossa confiança e auto-estima. Será que as palavras que você usa exprimem respeito e consideração ou será que elas o desvalorizam?

Inconscientemente, acabamos minimizando nossa força interior. Muitas pessoas têm mania de dizer, de brincadeira, coisas como "Eu só faço burrice" ou "Eu sou mesmo um idiota!". Fico triste quando ouço essas frases, pois sei que as palavras interferem tanto no que pensamos de nós mesmos quanto na maneira como os outros nos vêem. Vou dar alguns exemplos.

"EU ACHO"

Carol tinha o hábito de dizer "Eu acho". Ela usou essa frase em quase todas as conversas que tivemos durante seu treinamento. Quando lhe perguntei sobre um projeto que havia concluído, ela respondeu: "Eu acho que fiz um bom trabalho." Quando sugeri que assumisse um papel de liderança em sua comunidade, ela disse: "Eu acho que consigo coordenar aquela reunião." Na vida pessoal, Carol também empregava com freqüência essas palavras. Quando um amigo a convidou para jantar, ela disse: "Acho que vou, sim."

Diante de um discurso permeado de "Eu acho", gosto de desafiar o interlocutor: "Você *acha* ou *sabe que sim?*" A resposta mais freqüente é "Eu sei que sim". Dizer "Eu acho", no entanto, dá mais segurança. Aprender a expressar a verdade com convicção eleva a auto-estima. Uma declaração do tipo "Eu sei que fiz um ótimo trabalho" é muito mais poderosa. Quando assumimos uma atitude positiva e nos apropriamos de nosso próprio sucesso, paramos de esconder nossa força interior.

"VOU TENTAR"

A expressão "Vou tentar" é outro bom exemplo de como nos escondemos. Meu amigo Stephen me desafiou a parar de dizer isso quando prometi a ele que ia *tentar* arranjar um tempo para nos encontrarmos. Ele retrucou: "Você vai tentar ou vai marcar uma data? A palavra 'tentar' é apenas uma maneira de adiar uma decisão. Ou você quer sair ou não quer." Embora tenha ficado incomodada a princípio (uma boa indicação de que ele estava certo), o comentário de Stephen me fez pensar. Será que eu realmente queria me encontrar com ele ou estava arrumando uma desculpa para o caso de mudar de idéia?

"Tentar" é uma palavra muito usada por quem quer ficar em cima do muro. É claro que há ocasiões em que ainda não tomamos uma decisão, mas nesses casos é melhor dizer algo como "Não tenho certeza" ou "Não estou pronto para decidir". Atualmente, sempre que me pego usando a palavra "tentar", me pergunto: "Qual é a verdade?" Então, um simples "sim", "não" ou "talvez" serão suficientes.

"DESCULPE"

Com que freqüência você se desculpa por algo que não fez? Quando minha amiga Allison decidiu fazer aulas de tênis, ela aprendeu uma lição importante sobre pedir desculpas. Em sua primeira aula, ela desculpou-se inúmeras vezes por não conseguir bater a bola de volta para o instrutor. Depois de dizer mais de 20 vezes "desculpe", o professor finalmente perguntou: "Por que você está se desculpando por algo que ainda não aprendeu a fazer? Você não percebe que está se inferiorizando? Com essa atitude, você terá dificuldade de ganhar confiança e conseguir jogar."

Naquele momento, Allison percebeu a ligação entre seu hábito de desculpar-se e sua força interior. Ao se sentir constrangida por coisas que não conseguia controlar, ela não somente drenava sua energia como também interferia em sua capacidade de desenvolver as habilidades necessárias para jogar.

Entre em ação! Identifique a linguagem que esconde sua força

Quais palavras ou expressões *você* usa para esconder sua força interior? Você faz brincadeiras depreciativas sobre si mesmo? Você reduz as expectativas dos outros ao responder a uma pergunta com frases do tipo "Eu posso estar errado, mas..."? Pegue seu diário e fique um tempo quieto, em um lugar confortável, para responder às seguintes perguntas:

1. Quais expressões você usa comumente para se diminuir?
2. Quais palavras você costuma empregar para reduzir as expectativas dos outros sobre você?
3. Você se inferioriza? Como?

Após responder às perguntas, peça a três amigos íntimos ou parentes que o ajudem a identificar outras formas pelas quais você se autodeprecia. Escolha pessoas que vão lhe dizer a verdade sem fazer julgamentos. Você poderá se surpreender com o grau de percepção daqueles que o cercam. Liste em seu diário cinco exemplos de como você usa a linguagem para esconder sua força.

O QUE VOCÊ ESTÁ (OU NÃO ESTÁ) FAZENDO?

Agora que você já listou alguns dos pensamentos que escondem sua força interior, vamos analisar seu comportamento. Muitos de nós temos hábitos que levam a pensamentos negativos. São ações tão diversas quanto comer ou beber em excesso e fumar. Qualquer coisa que o faça se sentir mal consigo mesmo está minando sua força interior.

Durante a pesquisa para este livro, pedi a diversas pessoas que listassem as atitudes que minavam sua força. Eis o que me responderam:

Conto mentiras inofensivas.

Costumo adiar as coisas.

Quebro as promessas que faço a mim mesma.

Sou perfeccionista.

Nunca sou direta para pedir o que quero.

Fico quieta quando eu e meu marido discordamos.

Finjo não saber alguma coisa para fazer com que a outra pessoa se sinta mais inteligente.

Não expresso meu descontentamento quando sinto algo que me incomoda.

Tenho um emprego que detesto.

Faço perguntas mesmo quando já sei as respostas.

Não cobro o suficiente por meu trabalho.

Deixo os outros tomarem decisões por mim.

Não me sinto bem quando alguém me elogia.

Ando tão ocupada que não tenho tempo nem energia para fazer o que realmente quero.

Não presto atenção na minha saúde.

Quando há um conflito, sempre desisto de lutar por meus pontos de vista.

Não peço ajuda.

Diversas ações podem esconder seu poder e muitas delas surpreendem meus clientes e a mim mesma. Minha cliente Gabriela é uma mulher de múltiplos talentos. Ativa e com um estilo pessoal, é uma bem-sucedida diretora de eventos em um hotel. Ela estava passando por uma fase difícil, fazendo várias coisas que escondiam sua força interior. Por isso, sugeri que ela pedisse ajuda a um amigo para avaliar suas ações. O amigo revelou que, apesar de Gabriela ter uma fantástica habilidade de comunicação para lidar individualmente com os clientes, tinha o estranho hábito de dar risadinhas e falar como criança durante encontros e reuniões em que precisava discursar para muitas pessoas.

Já observei esse comportamento em mulheres com altas posições executivas. Elas diminuem sua força interior inferiorizando-se diante dos colegas homens ou depreciando suas qualidades e conhecimentos na presença de executivos do sexo oposto.

Quando se deu conta do seu comportamento, Gabriela percebeu que essa mania era sua maneira de lidar com a insegurança de ser o centro das atenções. Enquanto uma parte dela adorava estar "sob os holofotes", outra parte se sentia desconfortável com esse desejo. Sempre que se via em uma situação na qual deveria projetar sua força interior, ela adotava um comportamento infantil.

Outro modo de esconder nossa força é por meio da imagem que transmitimos aos outros. Você tem noção de como sua imagem afeta seu sucesso? Ginger Burr, uma grande especialista em imagem nos Estados Unidos, já observou inúmeras vezes a influência poderosa da aparência na vida de seus clientes. Ela me contou a seguinte história:

Madeleine, uma talentosa designer de interiores de ambientes corporativos, não conseguia fazer sua firma decolar. Ela decidiu discutir sua imagem com Ginger depois que cinco de seus clientes tiveram a mesma reação ao ver seu portfólio: "*Você* fez isso?" O tom de surpresa fazia Madeleine se sentir uma impostora, como se alguém mais talentoso do que ela tivesse, na verdade, feito aquele trabalho. Ela percebia que as pessoas consideravam sua aparência e seu talento duas coisas completamente incompatíveis.

Segundo Ginger, Madeleine tinha um estilo de se vestir muito à vontade, que não combinava com a sofisticação do seu trabalho. Madeleine não queria mudar seu estilo somente para atender às expectativas dos outros – ela acreditava que as pessoas deviam aceitá-la como era. Porém, ela não podia mais negar a realidade de que sua imagem poderia estar afetando sua profissão e o crescimento de sua empresa. Ginger resolveu colocar isso à prova.

Com o objetivo de ajudar sua nova cliente a expressar sua beleza e seu estilo natural de maneira apropriada, Ginger sugeriu que Madeleine comprasse terninhos modernos em suas cores preferidas e alguns acessórios que acentuassem seu estilo despojado. Com seu novo guarda-roupa, a designer parecia uma versão mais contemporânea e sofisticada de si mesma.

Os resultados foram surpreendentes: Madeleine nunca mais ouviu comentários do tipo "*Você* fez isso?" e passou a receber imediatamente elogios dos novos clientes. Além de fazê-la se sentir mais forte, a nova imagem a ajudou a demonstrar mais confiança nos encontros profissionais. O resultado foi um aumento de 30% nos pedidos no final daquele ano.

Não importa se você é homem ou mulher: pense em como sua imagem poderia refletir melhor o seu eu e permitir que sua força interior brilhe intensamente.

Escreva "sim" ou "não" para as alternativas abaixo.

_____ Todas as minhas roupas estão em bom estado.

_____ Todas as minhas roupas me caem bem: nenhuma está larga ou apertada.

_____ Sei quais cores me caem melhor e uso somente elas.

_____ Estou sempre aberto a novas idéias sobre o que fica bem em mim.

_____ Faço diariamente uma maquiagem que realça minhas melhores características.

_____ Minhas unhas e sobrancelhas estão sempre bem tratadas e aparadas.

_____ Gosto do meu sorriso.

_____ A cor e o corte de meu cabelo são contemporâneos e combinam com meu estilo.

_____ Meus sapatos estão sempre em bom estado.

_____ Sempre pareço profissional e bem arrumado no trabalho (mesmo em ocasiões informais).

_____ Tenho um bom estoque de roupas de trabalho, separadas das roupas que uso nos finais de semana.

_____ Sempre escolho roupas que combinem com minha personalidade e refletem meu verdadeiro eu.

Não subestime o poder que a imagem tem de ajudá-lo a expressar quem você realmente é. Ao recomendar que leve sua aparência a sério, não estou sugerindo que você compre roupas de marca – elas não expressam sua força interior, e sim uma coerência entre quem realmente é e como se veste.

O QUE VOCÊ ESTÁ DEIXANDO DE FAZER?

Às vezes, o que *não fazemos* é o que esconde nossa força interior. Por exemplo, meu cliente Ryan, um artista que pinta aquarelas lindíssimas, sempre adiava tudo e não conseguia fazer sua carreira artística progredir. Quando fui visitá-lo, entendi por que estava passando por dificuldades: seu estúdio era uma bagunça, ele sempre esquecia seus compromissos e, apesar de ter sido contatado por três galerias de arte, não havia retornado suas ligações. O estranho é que o resto da vida de Ryan corria bem. Seu apartamento era bem-arrumado, ele tinha vários amigos e uma vida pessoal bastante satisfatória.

Ryan sabia que era um artista talentoso. Na verdade, sua falta de organização no trabalho servia para esconder sua força interior. Ele temia colocar suas obras no mercado e enfrentar a opinião pública, mas não era só isso. Ryan tinha medo de não saber lidar com o sucesso que provavelmente teria. Esse é um problema comum entre pessoas muito talentosas. Para elas, seu dom é quase um peso. Elas têm dificuldade de lidar com suas responsabilidades e acreditam que o sucesso se tornará um problema ainda maior. Por isso, em vez de pedir ajuda, simplesmente ficam paradas.

Emily tinha um problema diferente. Uma das maneiras de esconder sua força interior era não ser direta sobre o que queria. No trabalho, quando os colegas a convidavam para almoçar, em vez de sugerir o restaurante, ela costumava dar indiretas fazendo perguntas como: "Alguém já foi àquela churrascaria nova da esquina?" Em casa, ela preferia reclamar com o marido sobre ter tantas tarefas a pedir que ele ajudasse mais. Emily havia adquirido esse hábito com sua mãe, que não conseguia expressar seus desejos e gostava de agir como vítima.

Já Brooke escondia sua força falando demais. Ela só percebeu que esse hábito a atrapalhava quando um amigo teve coragem de lhe dizer a verdade. Brooke admitiu que já ouvira comentários e piadinhas sobre o fato de falar muito, mas nunca levara isso a sério. Ela teve sorte de encontrar um amigo sincero que a alertou, pois a maioria das pessoas que desenvolvem esse hábito não tem a chance de ouvir a verdade. Em vez de ajudá-las, os outros simplesmente as ignoram!

Há várias outras ações que escondem nosso poder interior. Por exemplo, podemos ficar tão ocupados que nunca temos tempo e energia para dedicar às nossas prioridades. O que você faz (ou não faz) para ocultar o seu poder?

Entre em ação! Identifique as ações ou inações que escondem sua força interior

Releia os exemplos descritos acima e identifique cinco maneiras pelas quais você inibe sua força interior. Se você não tiver certeza, peça a um amigo, parceiro ou membro do seu grupo de apoio que o ajude a descobrir seus padrões de negação. Durante a próxima semana, faça anotações em seu diário sempre que perceber que está fazendo algo que diminua o seu poder.

RECUPERE SUA FORÇA INTERIOR

Ter consciência é o primeiro passo para mudar de comportamento. Você provavelmente está mais atento a seus pensamentos, palavras e ações derrotistas. Relaxe, pois, logo que começar a implementar mudanças específicas, mesmo que pequenas, você se sentirá mais confiante e se verá recuperando sua força interior. Vamos começar recondicionando a sua mente.

RECONDICIONANDO A MENTE

Como já expliquei, os pensamentos exercem uma grande influência sobre sua qualidade de vida. Agora você está mais preparado para controlar sua mente por meio da prática diária da meditação e de exercícios simples que ajudam a potencializar sua energia criativa. Vamos então levar esse trabalho um passo à frente.

Entre em ação! Mude seu modo de pensar

Há alguns anos ouvi uma história sobre Mark Victor Hansen, um dos criadores da série *Histórias para aquecer o coração.* Mark escrevia suas metas em dois cartões e deixava um em sua carteira e o outro no espelho do banheiro para ajudá-lo a focar nelas. Sempre que se arrumava para começar o dia ou abria a carteira, imediatamente via o cartão e visualizava a si mesmo já tendo conquistado seu objetivo. Quando soube dessa técnica, decidi usá-la de maneira um pouco diferente.

Comprei um pacote de pequenos adesivos de corações vermelhos e os coloquei em vários lugares de minha casa: na porta da geladeira, ao lado da pia da cozinha, no espelho do banheiro, etc. Sempre que via um desses corações, eu parava e entrava em contato com os meus pensamentos para ter certeza de que estavam apoiando meu bem-estar emocional. Esse método simples mas bastante construtivo me ajudou a treinar minha mente a seguir a direção do meu coração.

Recondicionar sua mente o leva a empregar sua força interior com sabedoria. Para determinar a qualidade de seus pensamentos, você precisa apenas prestar atenção às emoções. *Os sentimentos sempre seguem o padrão dos pensamentos.* Por exemplo, eu aprendi a me fazer a seguinte pergunta sempre que tenho uma sensação de desarmonia:

Será que esse modo de pensar me ajuda?

Caso esse modo de pensar não apóie minha saúde emocional, imediatamente mudo meus pensamentos para algo que o faça. Por exemplo, posso me concentrar em uma palavra específica como "equilíbrio" ou "amor", ou posso usar uma frase como "siga em frente" ou "está tudo certo". Em vez de tentar adivinhar por que não estou me sentindo bem, simplesmente concentro minha energia em elevar meus pensamentos a um nível de saúde e bem-estar que me ajude.

Há muito tempo aprendi com uma professora de meditação uma importante lição sobre como lidar com a negatividade. Ela usava a seguinte analogia: "Imagine que sua mente seja uma linda taça antiga. Quando essa taça é preenchida com pensamentos negativos, tentar removê-los vai desperdiçar uma preciosa energia que apenas dará a eles mais poder. Em vez de fazer isso, concentre-se em encher a taça com pensamentos positivos para que a negatividade apenas se derrame." Então, quando me sinto frustrada, deprimida ou cheia de dúvidas sobre mim mesma, leio alguns dos livros que me oferecem inspiração para recobrar minha força interior.

Escolha alguma prática diária para recondicionar sua mente. Todos que experimentaram os exercícios que sugiro aqui podem garantir que eles realmente são eficientes. Mantenha uns dois de seus livros favoritos por perto também. O objetivo é manter o controle de sua mente!

Entre em ação! Faça as pazes com o seu crítico interior

O próximo passo para recondicionar a mente é fazer as pazes com o seu crítico interior. Há duas maneiras eficazes de canalizar a energia e a sabedoria dele em seu benefício. Por exemplo, alguns anos atrás, enquanto fazia uma palestra com Henriette Klauser, autora de *Writing on Both Sides of the Brain* (Usando os dois lados do cérebro para escrever), aprendi uma importante lição sobre como lidar com meu crítico interior. Henriette nos orientou a fazer perguntas por escrito para ele assim que percebêssemos sua presença:

- *Do que você tem medo?*
- *O que você pode me ensinar?*

Logo que comecei a escrever, meu crítico se pronunciou: "Você vai fazer este exercício errado." Parei imediatamente e perguntei o que ele estava tentando me ensinar. Após vários parágrafos, ele finalmente me disse: "Estou tentando protegê-la, para que você não escreva nenhuma tolice." À medida que continuei meu diálogo com ele, pude perceber que tudo o que tinha a fazer era dar voz àquela parte mais vulnerável do meu eu, que, na verdade, sentia medo. Ao ouvi-la com compaixão, recebi mais informações do que sofri com suas intromissões.

Há anos venho usando essa e outras técnicas semelhantes e percebi que, por mais cruel que essa voz interior possa parecer, ela está tentando nos passar alguma informação importante. Para fazer as pazes com seu crítico, você só precisa prestar atenção na sua sabedoria. Em 90% das vezes, a mensagem crítica origina-se do medo, mas, quando você inicia um diálogo, é como se ele se tornasse seu aliado e fosse incluído em seu processo criativo. Ao fazer isso, você perceberá que ele deixará de trabalhar contra você e passará a ajudá-lo.

Entre em ação! Desenvolva um aliado interior

Daena Giardella, a atriz que mencionei anteriormente, usa outra maneira fantástica de trabalhar com o crítico interior. Ela recomenda que seus alunos desenvolvam um aliado interior, que será um poderoso antídoto contra o crítico. Como se fosse um amigo cuja voz é tão poderosa que é capaz de acalmar a do crítico.

Para desenvolver seu aliado interior, faça uma lista de frases que lhe dêem apoio. Identifique as qualidades de que mais se orgulha e que podem incentivá-lo a usar sua força. A seguir, reescreva essas frases utilizando "você" como sujeito. Por exemplo, uma cliente minha disse que era educada, gentil, forte e corajosa. A partir dessas qualidades, ela escreveu em seu diário várias mensagens diretas para si mesma: "Você é uma mulher educada e gentil" e "Você tem uma alma forte e corajosa". Depois, ela digitou as frases no computador e as imprimiu em letras garrafais. Olhar para essas frases todos os dias fez com que internalizasse a voz de seu aliado interior firmemente em sua mente.

Agora é a sua vez de tentar. Identifique cinco de suas qualidades e as liste em seu diário. Usando essas qualidades, escreva cinco frases com "você" como sujeito para relembrar sua força interior. Elas poderão ajudá-lo de diversas maneiras. Vamos imaginar que você está se preparando para uma entrevista de emprego e se encontra bastante nervoso. Você sabe que é um excelente profissional, mas em entrevistas anteriores o medo o impediu de expressar-se com confiança. Sentindo-se vulnerável, seu crítico interior começou a emitir suas costumeiras mensagens negativas: "Você sempre enrola, enrola, e nunca vai direto ao ponto" ou "Ninguém vai querer contratá-lo". Em vez de ceder a essa voz que mina sua autoconfiança, ouça seu aliado interior, repetindo as frases encorajadoras em voz alta enquanto se dirige à empresa: "Você é um profissional inteligente e altamente qualificado" ou "Você sabe exatamente o que deve dizer".

Quanto mais você confiar em seu aliado, mais forte e capaz se sentirá para lidar com qualquer circunstância ameaçadora. Se não souber exatamente o que escrever, peça ajuda a seu parceiro ou grupo de apoio. Eles podem assumir o lugar de seu aliado interior e falar sobre suas qualidades com firmeza e segurança. Seja como for, não deixe de escrever essas frases para desenvolver o discurso que o ajudará a criar seu aliado.

Outros lembretes práticos para reforçar essa voz positiva dentro de si mesmo:

- Desenhe, pinte ou faça uma escultura de seu aliado interior e mantenha essa representação sempre à vista.
- Compre algum tipo de símbolo ou estatueta que represente seu aliado (eu uso uma estatueta de Kuan Yin, a deusa da compaixão e do perdão).
- Escreva uma carta para si mesmo em seu diário, como se seu aliado a tivesse escrito (e marque essa página).
- Dê um nome a ele: ______________________.
- Tenha à mão uma foto sua onde você parece forte e confiante.

Enquanto escrevia este livro, conversei com uma amiga sobre como ela lidava com seu crítico interior. Ela me disse o seguinte: "Sabe, tenho muitos críticos. Alguns deles eu simplesmente expulso de minha mente e a outros dou férias." Você tem algum crítico interior que deve expulsar ou enviar para algum outro canto do mundo? Não hesite em fazer isso.

PRESTE ATENÇÃO NO QUE VOCÊ DIZ

Agora que você já consegue controlar melhor seus pensamentos, está na hora de mudar sua linguagem.

Entre em ação! Revise seu vocabulário

Esta semana, preste atenção na freqüência com que você usa palavras que minam sua força interior. Releia a lista de pensamentos que escondem sua força e tente mudar seu vocabulário:

Vocabulário antigo	*Novo vocabulário*
"Eu acho"	"Eu sei"
"Vou tentar"	"Vou fazer"
"Talvez"	"Certamente"
"Não tenho certeza"	"Tenho certeza"
"Acredito que..."	"Sei que..."
"Sou tão burro"	"Preciso de um descanso"
"Não tem importância"	"O que eu quero é..."
"Vamos ver..."	"Vou..."

Escreva em seu diário outras três palavras ou expressões antigas e ao lado suas novas versões. Peça sugestões a seu parceiro ou ao seu grupo de apoio para incrementar seu novo vocabulário. Acrescente uma técnica simples mas poderosa para deixar de usar as palavras que reprimem seu poder: eleja um amigo com quem passe bastante tempo e que tenha um carinho sincero por você. Peça a ele que lhe dê um afetuoso tapinha no ombro sempre que você usar alguma expressão que precise ser mudada. Esse gesto o fará repensar o que diz. Os clientes que utilizam esse recurso geralmente conseguem uma mudança em duas semanas.

AJA DE MANEIRA DIFERENTE

Agora está na hora de mudar os comportamentos que escondem sua força interior. Você deve, por exemplo, parar de se sentir constrangido com elogios. Normalmente nos diminuímos porque não queremos que a outra pessoa se sinta inferior. Sendo assim, se alguém disser: "Você está muito bonito hoje, adorei sua roupa", você pode se sentir tentado a responder: "Esta roupa velha? Imagine, você é que está um charme!" Tudo para que o outro não se sinta desconfortável.

Para evitar esse comportamento, minha mãe e eu usávamos o seguinte truque: sempre que percebíamos que uma de nós estava se diminuindo ao receber um elogio, sorríamos e dizíamos: "Simplesmente agradeça."

No início do casamento, meu marido Michael e eu tínhamos o mau hábito de ser indiretos cada vez que precisávamos decidir o que iríamos fazer juntos. Para nos tornarmos mais diretos, resolvemos adotar uma pontuação de 1 a 10 para expressar quanto queríamos fazer uma atividade sugerida pelo outro. Prometemos ser sempre honestos em relação à "nota" que daríamos.

Isso nos ajuda em relação a escolhas difíceis ou quando um quer fazer uma coisa que o outro não está com vontade. Por exemplo, se Michael me pede para ir a um evento social e eu digo "não", sua nota pode esclarecer quanto gostaria que eu o acompanhasse: se der 9 ou 10, ele estará demonstrando que realmente quer que eu o acompanhe. Nesses casos, eu costumo ceder e ir com ele. Esse sistema não só nos ensinou a expressar mais diretamente o que sentimos como também a evitar várias discussões.

Entre em ação! Livre-se das ações ou inações que escondem sua força

E o que *você* fará (ou deixará de fazer) para acabar com o hábito de esconder sua força? Ao abandonar ações que inibem seu poder e adotar atitudes que o encorajam, você poderá sentir um certo desconforto. Mas, antes que se dê conta, estará mudando seu comportamento e se sentindo muito melhor. Aqui vão algumas perguntas para inspirá-lo:

O que você precisa começar a fazer?

O que você precisa parar de fazer?

Que comportamentos você precisa mudar?

Você precisa parar de falar demais?

Você precisa ter uma imagem mais moderna?

Você precisa aceitar elogios com mais facilidade?

Você precisa compartilhar mais suas opiniões com os outros?

Você precisa parar de adiar as coisas?

Você precisa tomar alguma atitude para respeitar mais a si próprio?

Você precisa admitir quando não sabe algo?

Você precisa ser mais direto ao dizer o que quer ou do que necessita?

Agora, anote em seu diário cinco coisas que precisa mudar. Desafie-se a mudar algo em seu comportamento a cada dia. Por exemplo, se você costuma deixar seu companheiro escolher o filme a que vão assistir, da próxima vez decida o que você quer ver. Se seu escritório está entulhado de coisas, separe 10 minutos por dia para arrumá-lo. Escolha um lugar sossegado para planejar seu dia. Separe uma hora para fazer somente o que você quer. E lembre-se: tenha paciência e compaixão consigo mesmo, pois mudanças não acontecem de uma hora para outra.

4

LUTE POR VOCÊ MESMO

COMO VOCÊ JÁ COMEÇOU A DAR voz à sua força interior, é importante agora usar esses alicerces para construir seu maior aliado e defensor. Isso significa desenvolver as ferramentas necessárias para lutar por sua vida. Vimos no capítulo anterior que a força interior é a energia espiritual que nutre seus esforços para viver uma vida autêntica e plena. Você aprendeu que, ao permitir pensamentos derrotistas, empregar palavras negativas e ter atitudes que diminuem sua auto-estima, está escondendo sua força. E também descobriu uma outra forma de perder seu poder: entregando-o aos outros.

Quando permite que os outros roubem seu tempo, sua energia ou sua paz de espírito, você está desperdiçando sua força interior. Por exemplo, se a fim de evitar conflitos você faz mil rodeios para pedir o que quer, ou se não determina limites para alguém que suga sua energia, está entregando o controle de sua vida a outras pessoas. E, ao fazer isso, você está declarando que não merece ter suas necessidades atendidas.

Certa manhã, enquanto tomava banho, minha amiga Caroline notou duas manchas suspeitas em seu seio. Depois de tentar se convencer de que aquilo não era nada, resolveu marcar uma consulta com um dermatologista.

Na semana seguinte, na sala de espera do consultório, seu nervosismo aumentou. Depois de 45 minutos, ela estava ainda mais frustrada e ansiosa. Caroline sentiu vontade de ir embora, mas acabou aguardando mais 15 minutos para ser atendida. Antes de entrar no consultório, o médico perguntou se ela se incomodaria que um residente assistisse à consulta. Ela disse que não, mas por dentro estava indignada: "Não acredito que, depois de esperar uma hora, ainda tenho que passar pelo constrangimento de mostrar meu peito na frente de um estranho! Me sinto tão humilhada e embaraçada! Como alguém consegue ser tão insensível?" Vinte minutos depois, ao deixar o consultório com o diagnóstico de que não havia nada de errado, minha amiga ainda estava furiosa, mas agora sua raiva se dirigia a ela mesma, por não ter dito ao médico como se sentia.

Naquela tarde Caroline me ligou para contar o que tinha acontecido. Quando perguntei por que não havia reagido, ela simplesmente retrucou: "Sei lá, me senti sem jeito e simplesmente não consegui soltar minha voz." Depois ela ficou se culpando e começou a comparar aquela situação com todas as outras em que tinha deixado de expressar seus sentimentos.

Tenho certeza de que você também já sentiu raiva de si mesmo por não ter dito o que queria ou por ter concordado com algo de que se arrependeu depois. Por exemplo, você talvez não tenha conseguido dar voz à sua força interior quando um amigo criticou a maneira como educa seus filhos ou quando alguém furou a fila em que você estava. Ou talvez não tenha tido coragem de pedir um aumento de salário ou de dar um basta em um colega que vive reclamando da vida.

Para a maioria de nós, colocar as necessidades dos outros na frente das nossas é um hábito inconsciente que carregamos desde a infância. Carentes de amor e aprovação, instintivamente dizemos "sim" sem considerar as conseqüências. É da natureza humana querer sentir-se amado, apreciado e valorizado. Mas, quando agradamos aos outros em tempo integral, criamos um problema para nós mesmos: passamos a agir como mártires ou pessoas eternamente ressentidas e acabamos nos tornando péssima companhia.

Minha cliente Teresa é um bom exemplo de alguém que se colocou no papel de mártir. Ela era conhecida por ser a "mãezona" do bairro, com quem todos podiam contar. Se uma criança precisava de carona para a escola, sempre havia lugar em seu carro. Organizar uma festa de aniversário? Claro que podia ser na casa de Teresa. Quando seus filhos cresceram e saíram de casa, sempre que tinham qualquer problema era só gritar pela mãe e lá estava ela. Depois de anos e anos no papel de heroína, ela estava exaurida – e amarga.

Durante nossas primeiras conversas, Teresa reclamou dos problemas que tinha com os filhos e do fato de ser sempre ela quem procurava os amigos. Ela se sentia ressentida e solitária e queria que os outros lhe dessem mais valor, em vez de só procurá-la quando precisavam de ajuda. Eu estava começando a entender o porquê daquilo.

Às vezes agradar aos outros se torna uma pele que vestimos na infância e que usamos durante toda a vida. Com quatro irmãos, Teresa aprendeu cedo a contentar os outros para receber atenção, ajudando em casa, tirando boas notas e sendo a primeira a oferecer apoio a amigos que precisavam. Mas agora esse papel não lhe servia mais. Seus amigos estavam cansados de seu rancor e de suas queixas.

Num de nossos encontros, eu disse a Teresa que ela precisava assumir mais responsabilidade pela situação que havia criado para si mesma. Eu a desafiei a parar de ser vítima e assumir um papel que permitisse que sua força interior se manifestasse. Ela concordou que precisava parar de gastar sua energia com os outros e começar a estabelecer regras para o que deveria ou não fazer.

Pode ser que agradar demais aos outros não seja o seu caso, mas deve haver outras razões pelas quais você não consegue se impor. Por exemplo, se você projeta seu medo de conflitos em outra pessoa, provavelmente não será capaz de dizer a verdade. Ou talvez você queira evitar os inevitáveis confrontos que surgem quando as pessoas defendem pontos de vista diferentes. Ou quem sabe sofra de "fobia de conflito", um medo exagerado de atritos de qualquer tipo.

FOBIA DE CONFLITO

Por acaso a frase "concordar para conviver bem" soa como um lema para sua vida? Você sente seu coração bater descontroladamente e as palmas das mãos ficarem suadas sempre que se envolve numa discussão? Se você respondeu "sim" a essas perguntas, talvez tenha fobia de conflito. Veja se você se identifica com alguma das frases abaixo:

- Você tolera o mau comportamento dos outros e, após o conflito, costuma fantasiar o que deveria ter dito.
- Você sente dor de estômago só de pensar em se impor.
- Quando está diante de um conflito iminente, você se sente "elétrico", como se uma descarga de eletricidade estivesse correndo por suas veias.
- Em vez de encarar qualquer tipo de confronto, você recorre à comida, ao álcool, ao cigarro, ao trabalho, à limpeza da casa ou à televisão para acalmar sua ansiedade.
- Você justifica o mau comportamento dos outros e desvaloriza seu sofrimento, em vez de brigar com quem o destratou.

- Depois de um desentendimento, você fica remoendo a conversa para tentar entender a atitude negativa da outra pessoa.
- Você pede desculpas ou concorda com os outros, em vez de expressar o que pensa.

Se alguma dessas frases se aplica ao seu comportamento, isso pode ser uma indicação de que você abre mão de sua força interior toda vez que evita um desentendimento ou não diz o que sente. A fobia de conflito tem suas origens na infância, dependendo de como a desarmonia e as tensões eram resolvidas em sua família. Seus pais gritavam, ameaçavam ou eram violentos? Você se sentia física ou emocionalmente abandonado depois de uma briga ou de uma "explosão" de raiva? Você podia se expressar livremente sem medo da reação de seus parentes? Se você viu seu pai ou sua mãe resolverem os problemas do dia-a-dia com gritos, violência física ou alguma atitude que o envergonhava, é natural que tente evitar qualquer confusão na sua vida adulta.

Uma vez testemunhei um estarrecedor exemplo de como a maneira de lidar com conflitos passa de pai para filho. Estava hospedada num hotel durante um congresso quando ouvi um homem no quarto ao lado gritar com seu filho, que não devia ter mais de quatro anos de idade e chorava bem alto. Quanto mais o menino soluçava, mais alto o pai gritava para ele parar de chorar. Fiquei chocada ao ouvir o homem dizer: "Se não parar com isso, vou dar você para outra pessoa. Estou cansado de ouvir você chorando o tempo todo. Pare com isso agora, senão..." Como o menino não parava de berrar, o pai o colocou para fora do quarto e bateu a porta em seguida.

Sei que criticar o comportamento dos pais só serve para incitar sua fúria, por isso decidi ir até o quarto ao lado simplesmente para oferecer ajuda. Mas, antes que eu chegasse até lá, o homem agarrou o filho e o puxou para dentro do quarto. Fiquei parada do lado de fora, abismada com o que havia visto, e depois de alguns segundos fui embora. Esse foi o exemplo mais claro de como os pais ensinam seus filhos a lidar com conflitos por meio de seus próprios atos. Apesar de ter certeza de que as palavras e a atitude do homem estavam ligadas a outras circunstâncias, eu sabia que sua reação exagerada e sua raiva teriam um profundo impacto na maneira como o garoto lidaria com a desarmonia no futuro.

A falta de tato ao lidar com os desentendimentos em sua própria família pode não ser tão dramática como no exemplo acima. A mãe da minha cliente Connie lhe dava um "tratamento de silêncio" sempre que o comportamento da filha a desagradava. Apesar de a mãe nunca ter gritado com ela ou a agredido fisicamente, o silêncio dela fez com que Connie se sentisse emocionalmente abandonada e ferida. Cada vez que a mãe se calava, Connie morria de medo de nunca mais poder voltar a falar com ela. Quando se tornou adulta, minha cliente evitava conflitos repetindo o comportamento de sua mãe: se calando.

Freqüentemente pode ser necessária a ajuda de um psicoterapeuta para nos ajudar a lidar com o medo dos conflitos. Se você perceber que não consegue seguir os conselhos deste capítulo ou se suas tentativas de se impor não surtirem efeito, talvez isso seja um indício de que precisa de um trabalho mais profundo. Como nossa história pessoal possui grande efeito sobre a capacidade de nos impormos quando adultos, talvez seja necessário curar algumas feridas do passado antes de iniciar qualquer mudança no presente. Por exemplo, se havia alguma forma de violência em sua infância, você pode ter desenvolvido uma reação tão forte a qualquer tipo de conflito que fique paralisado pelo medo. Nesse caso, a simples idéia de pedir um aumento lhe traz uma forte angústia. Se a carga emocional de determinada situação toma grandes proporções, mesmo o planejamento mais detalhado não vai evitar o conflito. A cura emocional deve ser procurada antes de tudo.

Muitas vezes, clientes me procuram e comentam que têm de lidar com uma pessoa crítica demais, geralmente um parente. Depois de tentar de tudo para expressar o que sentem e curar esse relacionamento doentio (o que normalmente significa desdobrar-se para agradar o outro), as pessoas acham que não há uma solução possível. Desesperadas, buscam uma nova estratégia para melhorar essa relação.

Antes de tudo, é importante perceber que, se você não pode falar a verdade e ser você mesmo, isso não é um relacionamento – é um acordo. Quando sente dificuldade em se entender com uma pessoa, talvez você precise mais do apoio de um terapeuta do que de um novo padrão de relacionamento.

Uma das principais razões pelas quais evitamos conversas difíceis é não possuirmos as palavras certas para solucionar o problema. A maioria de nós nunca aprendeu a dizer a verdade e espera até que o ressentimento e a raiva estejam tão insuportáveis que não seja mais possível adiar o confronto. Então, tomados pela emoção, acabamos projetando nossa fúria e frustração na outra pessoa e raramente conseguimos resolver a questão. Na verdade, só pioramos as coisas.

O custo de não se impor é grande demais. Cada vez que não pede aquilo de que precisa ou não enfrenta quem o trata mal, você diminui drasticamente sua autoconfiança e auto-estima. Seu bem-estar emocional sofre um duro golpe quando você engole seus sentimentos e sua culpa por não ter dito ou feito o que queria. E quanto mais você adia uma conversa difícil, mais aumentam as suas chances de repetir isso interminavelmente.

Minha amiga Robin percebeu o alto custo de não se impor depois de ficar doente durante uma viagem que fez com os amigos. Sua companheira de quarto havia convidado uma mulher chamada Adrienne, conhecida por seu sarcasmo. Durante os primeiros dias da viagem, Adrienne fez diversas brincadeiras de mau gosto sobre as roupas e o cabelo de Robin. Quando minha amiga decidiu não reagir à provocação, Adrienne percebeu que ela era um alvo fácil e continuou com seus comentários maldosos.

Alguns dias depois, Robin começou a se sentir mal fisicamente. Ela ficou enjoada e achou que tinha pegado uma gripe. Quando lhe perguntei se na ocasião ela identificara alguma ligação entre seu mal-estar e o comportamento de Adrienne, ela disse que não – apesar de admitir que sentira a necessidade de reclamar, sem, no entanto, fazê-lo.

Certa tarde, enquanto faziam compras num mercadinho local, Adrienne perguntou: "Quem foi o burro que embrulhou a alface desse jeito?", sabendo muito bem que tinha sido Robin. Minha amiga lembra que o comentário teve o efeito de um soco na boca do estômago. Na mesma hora, ela percebeu a ligação do que estava sentindo com o ataque verbal que sofrera. Consciente de que sua saúde era mais importante do que tentar manter a paz, ela se virou para Adrienne e disse a verdade: "Quando você me agride assim, sinto-me péssima. Se você não tem nada de bom para dizer, por favor, não fale comigo." E aguardou a reação da outra. Para sua surpresa, Adrienne se desculpou imediatamente – um comportamento típico dos provocadores quando são confrontados.

Robin estava fazendo o que a maioria de nós faz: minimizando o comportamento de Adrienne e ignorando seus próprios sentimentos para evitar o conflito. Somente quando seu corpo soou o alerta físico ela percebeu o que estava acontecendo. Nosso corpo nunca mente. Por isso, uma das melhores maneiras de identificar quando precisamos nos impor é dar atenção às nossas reações físicas. Por exemplo, quando alguém o incomoda, você pode sentir instantaneamente uma tensão no pescoço e nos ombros. Quando um amigo telefona e não pára de falar, por exemplo, você pode sentir o cabelo em sua nuca eriçar-se a cada palavra que o outro diz (sem que consiga interrompê-lo).

Quase sempre ignoramos nossos sentimentos, em vez de "ouvir" o que eles nos dizem. Depois de um telefonema difícil, você pode sentir necessidade de consumir carboidratos para se acalmar. Ou, depois de uma briga com seu filho, você pode se "plantar" em frente à televisão para anestesiar a raiva. Uma mulher com quem trabalhei reconheceu que compensava sua ansiedade com comida. Sugeri que ela fizesse, durante duas semanas, um diário sobre seus hábitos alimentares. Só então percebeu que sempre que alguém dizia ou fazia algo que a magoava ela ia direto para a geladeira, em vez de encarar a questão.

QUE LIMITES DEVEMOS IMPOR?

É difícil para você se impor perante os outros? Você sempre concorda em fazer coisas que não está com vontade? Você se sente culpado quando coloca suas próprias necessidades em primeiro lugar? Então, está na hora de começar a definir seus limites!

Se me perguntassem qual iniciativa desenvolve melhor nossa força emocional, eu diria: criar limites mais definidos. Minha experiência mostra que limites frágeis são a causa de 80% dos problemas das pessoas que lutam por uma vida mais autêntica. Quando permitimos que os outros ultrapassem nossos limites por medo das conseqüências de colocar nossas necessidades em primeiro lugar, acabamos nos sentindo frustrados e ressentidos.

Agora que tem mais clareza sobre quem realmente você é, reconhece o que tem valor e sabe como expressar sua força interior, está na hora de começar a se impor.

Os limites são como um campo de energia ou uma barreira psíquica que protege corpo, mente e espírito de todo o mal. Imagine que esse campo se irradia a partir do seu corpo, protegendo-o de influências negativas que poderiam invadir seu espaço pessoal. Você provavelmente permite uma proximidade bem maior a seu parceiro, mas mantém um estranho a certa distância (um limite que protege seu corpo). Ou talvez permita que um amigo íntimo faça uma avaliação de seu trabalho, algo que não permitiria a um estranho (um limite que protege sua mente e/ou espírito).

Estabelecer fronteiras claras e firmes permite colocar-se à disposição dos outros de uma maneira mais genuína, ajudando, assim, a evitar conflitos. Por exemplo, em vez de se fechar emocionalmente quando encontra um parente que sempre o deprecia, você deve usar sua reação emocional como um sinal de que um limite deve ser estabelecido. Ao demonstrar claramente, através de suas ações, que não vai mais permitir que ele o trate mal, você vai conseguir participar das reuniões familiares de uma maneira mais relaxada e com o coração mais aberto.

Entre em ação! Em que situações você precisa se impor?

O primeiro passo para aprender a se impor é conscientizar-se de quando e onde você precisa estabelecer limites mais definidos. Identifique em que situações você precisa de mais espaço, respeito próprio, energia ou poder pessoal. Vamos analisar algumas regras que você talvez precise adotar.

As pessoas não podem...
Mexer nos meus pertences
Criticar tudo o que eu faço
Fazer comentários sobre o meu peso

Descarregar sua raiva em mim
Tentar me humilhar na frente dos outros
Contar piadas grosseiras ou racistas na minha presença
Invadir meu espaço pessoal
Fazer fofoca perto de mim

Tenho o direito de pedir...
Privacidade
Mais informações quando for ao médico
Que meu cabeleireiro não me use como cobaia para um novo corte
Silêncio, quando estou tentando me concentrar ou relaxar
Ajuda nas tarefas domésticas
Mais informações ao comprar qualquer produto
Mais tempo antes de tomar uma decisão

Para proteger meu tempo e minha energia, seria melhor...
Desligar o celular
Responder a e-mails ou telefonemas ao longo da semana (e não no mesmo dia)
Pedir a um amigo ou colega de trabalho que chegue pontualmente a um encontro
Desobrigar-me de um trabalho voluntário
Cancelar um compromisso se não estiver me sentindo bem
Tirar um dia de folga para cuidar de minha saúde mental
Reservar um cantinho da casa só para mim
Delegar as tarefas que não quero mais fazer

Agora é a sua vez. Ao completar com suas próprias palavras os enunciados acima, você estabelecerá seus limites mais enfaticamente. Caso tenha dificuldade em fazer o exercício, lembre-se de ocasiões em que se sentiu frustrado, ressentido ou com raiva.

Seus sentimentos representam seu sistema de orientação interior e, sendo assim, podem lhe dar importantes "dicas" de situações em que você precisava ter agido com mais firmeza.

Pegue seu diário, copie as frases e complete cada uma delas com pelo menos 10 exemplos. Não censure seus pensamentos, continue escrevendo. Mesmo os que parecem não ter importância podem ser cruciais. Por exemplo, talvez tenham lhe cobrado caro demais por um produto ou serviço, mas você resolveu deixar para lá. Ou talvez num restaurante você tenha preferido não devolver um prato que não estava como pediu, só para não fazer uma cena. Esses "pequenos incidentes" podem parecer inofensivos, mas são bons exemplos de como deixamos nossa força interior ser minada pouco a pouco.

Se você já teve esse tipo de experiência, isso não quer dizer que seja uma pessoa fraca: alguns de meus clientes mais confiantes já passaram por situações semelhantes. Quando, por outro lado, você devolve um prato que não foi preparado como solicitou, o que está em jogo não é apenas aquela refeição, mas a sua postura. Você está afirmando para você e para o mundo: "Eu mereço ter o que quero e me respeito o suficiente para pedir isso de maneira direta." Estabelecer limites, apesar de difícil, vai aumentar sua autoconfiança e auto-estima. E, como em um círculo vicioso, isso vai ajudá-lo a se impor em situações semelhantes no futuro.

Depois de completar sua lista, não pense nela durante uma semana. Mas no oitavo dia retome-a e escreva qualquer coisa que lhe passar pela cabeça. Às vezes, só o fato de termos consciência das situações em que precisamos mudar já é um bom ponto de partida. Respeitar nossos limites não é uma atitude egoísta. Muito pelo contrário. Quando temos consciência de nossas necessidades, passamos naturalmente a observar as dos outros.

Lutar pelo que você quer é uma das formas mais poderosas de desenvolver a auto-estima. Pense nesta analogia: imagine-se em um pequeno e charmoso prédio de 10 andares, onde cada andar representa um nível mais elevado de autoconfiança e respeito. A cobertura simboliza você no auge, seguro de si, assertivo, direto e confiante em suas capacidades. Toda vez que você se impõe, estabelece um limite ou pede o que quer, sobe um andar, aproximando-se mais e mais da cobertura, que é onde deseja morar. Por outro lado, quando não defende seus interesses, você desce um andar ou dois. Você quer morar no subsolo? É claro que não!

Suas ações vão levá-lo para cima ou para baixo. Cometer erros é inevitável, porém, quanto mais você praticar, mais próximo estará de ter uma vida plena e feliz. A boa notícia é que quanto mais você sobe e alcança níveis elevados de autoestima, mais lenta e raramente acontece a descida. Apesar de se pegar algumas vezes fazendo algo que reduz sua força interior, você reconhecerá essa situação rapidamente e conseguirá revertê-la. E quanto maior sua autoconfiança, mais vontade sentirá de fazer somente aquelas coisas que honram quem você é.

É importante que você defenda seus interesses, pois, quando não faz isso, sabota suas chances de ser bem-sucedido. Toda vez que não consegue proteger seu tempo e sua energia, você envia uma mensagem ao seu eu interior dizendo que você não é confiável. E para alcançar o sucesso – seja nos relacionamentos, nas finanças ou na carreira – é preciso estar disposto a assumir mais responsabilidades, o que gera uma necessidade ainda maior de estabelecer claramente seus limites. Se você não se impuser, restringirá as oportunidades que aparecerão, pois não terá confiança em si mesmo para lidar com elas. *Se você não conseguir estabelecer e manter limites firmes, sempre sentirá medo das responsabilidades que o sucesso traz.*

Muito bem, chega de falar. Vamos agir!

Entre em ação! Prepare-se para estabelecer limites

Você já se conscientizou de como precisa se impor, então está na hora de fazê-lo. Vamos começar estabelecendo limites com os outros. Aqui estão cinco recomendações para facilitar as conversas sobre as mudanças profundas que você pretende fazer em seus relacionamentos:

1. Tenha clareza sobre seus propósitos.
2. Peça apoio a alguém.
3. Ponha suas emoções para fora.
4. Diga a verdade com consideração e respeito.
5. Tenha alguém com quem desabafar depois.

É importante que você saiba que será mais difícil ter esse tipo de conversa com as pessoas mais próximas (marido ou mulher, pai, mãe, irmãos, amigos íntimos). As relações familiares são sempre mais carregadas, principalmente quando temos um longo histórico de passar por cima dos problemas, em vez de enfrentá-los.

1. Tenha clareza sobre seus propósitos

Antes de estabelecer limites nos seus relacionamentos, é importante que você saiba claramente qual é a sua intenção. O principal propósito dessas conversas sérias (e muitas vezes duras) é curar sua relação ao dizer a verdade – criando assim um vínculo ainda mais forte. Como diz meu amigo Terrence Real, autor de *How Can I Get Through to You?* (Como faço para chegar até você?), "o caminho para relacionamentos mais profundos é aprender a dança da harmonia, da desarmonia e do fazer-as-pazes".

Dizer a verdade não é fácil, principalmente se você permitiu que o outro agisse de uma forma que minava sua auto-estima. Ao não reagir, você "aceitou" o comportamento dessa pessoa, e sua mudança de atitude provavelmente irá surpreendê-la.

Muitas vezes comunicamos nossas necessidades indiretamente, por meio do sarcasmo ou da ironia. Minha mãe tinha esse hábito. Como eu estava sempre muito ocupada e não a via tanto quanto ela gostaria, durante minhas visitas ela geralmente perguntava: "Você pretende ficar mais do que cinco minutos?" Seus comentários me magoavam e não surtiam o efeito desejado – ao contrário, faziam com que eu me afastasse ainda mais.

Quando eu finalmente disse como me sentia ao ouvir suas ironias, fiquei surpresa com sua resposta. Ela se desculpou e admitiu que sua própria mãe fazia o mesmo. Envergonhadas por perpetuar esse comportamento, nós duas concordamos em parar de ser sarcásticas uma com a outra e começar a dizer a verdade sobre nossos sentimentos. Ela tem honrado esse acordo até hoje, e nosso relacionamento não poderia ser mais próximo. Agora eu sempre sinto vontade de vê-la.

Se sua intenção for "consertar" um relacionamento, por favor, lembre-se disto: ninguém tem o direito de roubar sua força interior. Ninguém. Não importa se é sua mãe, seu pai, seu filho, filha ou um amigo próximo. Ninguém tem permissão para desrespeitá-lo ou para sugar sua energia e sua auto-estima.

Seja claro sobre o que você deseja. Você está confrontando alguém simplesmente para dar vazão à raiva ou para se vingar? Ou pretende expressar como se sente magoado e dizer que gostaria que as coisas mudassem? Ter clareza sobre seus propósitos é um poderoso primeiro passo.

2. Peça apoio a alguém

Quando estiver pronto para expressar o que deseja, é provável que você precise da ajuda de um parceiro ou de seu grupo de apoio. Como as mudanças que pretende fazer podem exigir conversas difíceis e acabar gerando conflitos, ter alguém com quem trocar idéias e desabafar é fundamental. Quando começar a lutar pelo que quer, você se sentirá vulnerável, e o amparo dos amigos pode significar a diferença entre o sucesso e o fracasso. Ao tentar implementar mudanças em seus relacionamentos, é provável que você cometa erros e fira os sentimentos dos outros, mesmo sem querer. Isso tudo é natural e faz parte do processo de aprendizagem. Você precisa ter aliados à sua volta para ajudá-lo a superar os próprios erros e enfrentar as reações inesperadas das outras pessoas.

Meu cliente Brian era um dos sócios fundadores de um escritório de advocacia. Especialista em Direito Tributário, ele sabia que seu negócio ia de vento em popa, pois todos os sinais de crescimento eram evidentes. Além disso, uma importante revista de circulação nacional estava prestes a publicar um artigo sobre sua firma. Para ajudar Brian a se preparar para a expansão do escritório, pedi que ele previsse algum obstáculo que pudesse atrapalhar seu sucesso. Então, ele admitiu que não estava satisfeito com o desempenho de sua secretária executiva.

Ela trabalhava com Brian havia mais de 10 anos, e ele confiava plenamente em sua capacidade de administrar o escritório. Mas, ultimamente, certas prioridades estavam sendo deixadas de lado, e ela não parecia estar tão entusiasmada como antes. Brian tinha conversado com ela sobre isso várias vezes, porém não viu nenhuma mudança de atitude. Mas a idéia de demiti-la era inaceitável. Como 85% dos empresários para quem prestei consultorias nos últimos 15 anos, Brian estava disposto a tolerar um funcionário ineficiente, embora estivesse atrapalhando seu negócio. Mesmo sendo um homem inteligente, respeitado e confiante, ele se sentia péssimo toda vez que eu sugeria dispensar a secretária.

Fiz a ele duas perguntas importantes. A primeira foi: "Você acha que demitir sua secretária é a coisa certa a fazer?" E a segunda foi: "Se tivesse ajuda para planejar o que dizer e dispensá-la com consideração e respeito, você o faria?" Quando Brian respondeu "sim" a ambas as perguntas, começamos a trabalhar.

Juntos, elaboramos um plano para contratar uma nova profissional que pudesse fazer a diferença nesse momento de crescimento da firma. Depois pensamos num plano de indenização para retribuir a contribuição que sua secretária tinha dado à empresa durante todos aqueles anos. Por fim, Brian pensou nas palavras que usaria para dispensá-la, dizendo a verdade com consideração e respeito. Ensaiamos a conversa até que ele se sentisse à vontade e confiante.

Decidimos também que era desnecessário ele se alongar quanto à razão da demissão. Ele iria direto ao ponto, dizendo o seguinte: "Esta é uma conversa difícil para mim. Gostaria que soubesse que reconheço tudo o que você fez durante esses anos e que tudo deu certo até agora. Mas minhas necessidades mudaram e eu decidi substituí-la por alguém mais adequado às demandas atuais do escritório."

Apesar de a secretária ter ficado chocada e triste, ela não gritou nem chorou – as duas coisas que Brian mais temia. Eles discutiram uma maneira de ela deixar o escritório com dignidade. Mais tarde, meu cliente admitiu que jamais teria conseguido colocar seu plano em prática sem apoio externo.

Lembre-se de que, ao defender seus interesses, você poderá ficar dividido e vulnerável. Ter um parceiro o ajudará a se sentir inteiro novamente e a lutar pelo que quer com mais energia. Saiba pedir apoio quando precisar – você merece!

3. Ponha suas emoções para fora

O próximo passo para se preparar para um "confronto" é se abrir com alguém de confiança. Você precisa pôr para fora qualquer emoção que o impeça de falar em tom neutro e respeitoso durante suas conversas. Caso contrário, corre o risco de estragar um relacionamento importante.

Minha cliente Juanita estava a ponto de explodir com Maria, sua filha de 18 anos, que por três noites seguidas ignorou o horário preestabelecido de voltar para casa. Na quarta noite, Juanita ficou furiosa com o atraso da menina. Quando a filha chegou, às 2h da madrugada, encontrou a mãe à sua espera. Depois de uma discussão acalorada, Juanita pôs Maria para fora de casa.

No dia seguinte, quando Juanita me contou o que tinha acontecido, ela estava arrasada. Dei um conselho a ela que costumo dar a todos os clientes que desejam salvar um relacionamento: *Na hora de tentar chegar a um acordo, nunca assuma uma atitude defensiva, porque isso impede a comunicação verdadeira.* Descarregar suas emoções antes de uma conversa difícil vai ajudá-lo a se concentrar na solução do problema. Se você não tem um parceiro para apoiá-lo, alivie sua tensão berrando na frente do espelho, escrevendo uma carta que nunca enviará ou fazendo algum exercício aeróbico.

4. Diga a verdade com consideração e respeito

Ao estabelecer seus limites, é importante que você escolha bem a linguagem que usará para dizer a verdade. Escrever um roteiro e ensaiar até se sentir à vontade deve ajudá-lo a expressar melhor seus sentimentos e necessidades, respeitando tanto a si mesmo quanto a outra pessoa. Para encontrar as palavras certas, faça o seguinte:

1. Conscientize-se da importância desse relacionamento.
2. Expresse seu ponto de vista com frases que comecem com "Eu...".
3. Peça que o outro atenda às suas necessidades.

Para iniciar o processo, é necessário identificar e esclarecer a verdade. Faça isso respondendo à seguinte pergunta:

Se tivesse certeza de que nada do que você dissesse teria conseqüências negativas, o que falaria para essa pessoa?

Não tente ser "bonzinho" ao responder, simplesmente diga a verdade de maneira direta. Quando tiver clareza sobre o que quer dizer, será mais fácil encontrar as palavras certas para transmitir sua mensagem com respeito e consideração. Vejamos os exemplos abaixo.

Exemplo nº 1: As pessoas não podem...

- Contar piadas grosseiras ou racistas na minha presença

O primeiro passo para dizer isso a alguém é identificar a *sua* verdade, aquela que você vai usar para dar uma resposta apropriada. Por exemplo, sua reação inicial poderia ser: "Fulano, detesto quando você me envia esses e-mails com piadas sujas e sem graça. Elas me enojam e tenho vontade de telefonar e gritar com você. Eu já deveria ter feito isso há muito tempo!"

Nesse momento, você não deve se preocupar com a "forma" que dará à sua mensagem, mas com o "conteúdo", a sua verdade. Depois de entender como se sente e o que deseja exprimir, você estará pronto para reformular seu discurso e dizer isso com delicadeza.

Peça o suporte de seu parceiro ou de seu grupo de apoio para encontrar as palavras certas. Eles poderão ajudá-lo a dizer algo como:

> "*Gostaria de falar honestamente com você sobre algo que está me incomodando, porque não quero que isso atrapalhe nosso relacionamento. Não gosto de receber e-mails com piadas racistas ou grosseiras. Acho que você não sabia disso, então resolvi avisar. Por favor, retire meu endereço de sua lista. Muito obrigado.*"

Ao expressar-se dessa maneira, você estará assumindo responsabilidade por ter deixado seu amigo pensar que aceitaria aquele tipo de comportamento. Vamos analisar outros exemplos:

- Descarregar sua raiva em mim

Depois de identificar sua verdade e colocar suas emoções para fora, você pode dizer com toda a tranqüilidade:

"Não vou permitir que você grite comigo. Se baixar o tom de voz, poderemos conversar; caso contrário, voltaremos a nos falar quando você tiver se acalmado."

- Tentar me humilhar na frente dos outros

"Chefe, sei que você está chateado com os erros que cometi no relatório e peço desculpas por isso. Mas, no futuro, gostaria de discutir meus erros em particular e não na frente dos outros."

Esse exemplo sempre mexe com as pessoas. Escuto coisas como "Não posso me arriscar a perder o emprego" ou ainda "Se eu dissesse isso ao meu chefe, ele me demitiria na hora". Ao falar a verdade ao seu diretor ou gerente, você pode mesmo estar colocando em risco seu emprego, mas há duas coisas importantes a considerar: 1) Se você não pode se dar ao luxo de se defender porque não tem como se sustentar durante um período de transição, precisa começar a poupar e melhorar sua saúde financeira; 2) O custo de comprometer sua integridade e sua auto-estima é muito maior do que o de perder qualquer emprego. Com freqüência, os superiores não têm consciência de quanto o seu comportamento pode fazer mal aos funcionários. Se passar a dizer a seu chefe como se sente diante de seus comentários, você poderá se surpreender com a rápida mudança de atitude dele.

Exemplo nº 2: Tenho o direito de pedir...

Esse tipo de regra está relacionado às suas necessidades. Ao pedir o que quer, você dá aos outros a chance de servi-lo melhor, tornando seus relacionamentos mais saudáveis. Quando pedir algo, faça-o da maneira mais simples e direta possível. Aqui vão alguns exemplos:

- Privacidade / Silêncio, quando estou tentando me concentrar ou relaxar

"Filhos, preciso de um descanso. Gostaria que vocês brincassem no quarto enquanto eu leio um pouco. Por favor, não me interrompam durante meia hora, mais ou menos."

Depois de estabelecer esse limite, não permita que seus filhos o perturbem. Seja firme! Com crianças, é preciso manter a coerência entre nossas palavras e ações. Não desista!

- Mais informações quando for ao médico

"Doutor, antes de terminarmos a consulta, gostaria de saber mais sobre o diagnóstico, os exames que terei de fazer, quantos casos iguais ao meu o senhor já tratou e onde posso obter mais informações sobre a minha doença."

Se recebeu um diagnóstico que o perturbou, você tem direito de conversar com seu médico para tirar todas as dúvidas. Você pode dizer o seguinte: "Eu poderia marcar um horário na próxima semana para tirar algumas dúvidas?" Se a resposta for "Não" ou "Isso não é necessário", procure outro médico!

Exemplo nº 3: Para proteger meu tempo e minha energia, seria melhor...

- Desligar o celular
- Responder a e-mails ou telefonemas ao longo da semana (e não no mesmo dia)
- Desobrigar-me de um trabalho voluntário

A experiência me ensinou que todo mundo não pode seguir a mesma regra para proteger seu tempo, seu espaço e sua energia. Cada um deve determinar qual a postura mais adequada para a sua situação. Por exemplo, talvez seja incompatível com seu trabalho retornar as ligações uma semana depois, mas pode ser viável ampliar seu prazo em um dia. Ou talvez você só possa desligar o celular às 10 horas da noite, e não às cinco da tarde, como seu amigo faz. Você vai precisar identificar as regras que melhor se aplicam a você e a sua família.

Para desobrigar-se de um trabalho voluntário, você pode falar o seguinte:

> *"Sei que concordei em coordenar essa campanha, mas depois de analisar minha agenda percebi que não poderei dar o melhor de mim nessa tarefa. Preciso passá-la para outra pessoa e gostaria de ajudá-lo a encontrar alguém interessado o mais cedo possível."*

Lembre-se de que estabelecer limites não significa controlar a reação ou o comportamento das outras pessoas. Tudo o que você pode fazer é expressar a sua verdade, mantendo-se fiel a si mesmo e aos outros, trazendo, assim, benefícios para todos.

Outra coisa importante é que você não precisa explicar, debater ou defender seu ponto de vista com exagero de detalhes. Sua necessidade sempre é um argumento válido. Você merece cuidar de si mesmo. Se não tem um descanso há meses e não está com disposição de ficar com seu sobrinho no fim de semana, você deve honrar sua necessidade de um tempo só seu. Não invente desculpas. Honre sua integridade dizendo a verdade.

Comece pelos limites mais fáceis e, ao se sentir mais forte, trabalhe os mais desafiadores. Sempre se apóie em ações coerentes. Se você ceder, estará transmitindo aos outros a mensagem de que podem ignorar suas necessidades. Por exemplo, quando você pede a um amigo que pare de lhe enviar piadas sujas, ele pode esquecer e você precisará relembrá-lo. Sempre recomendo aos meus clientes que avisem às pessoas que, se elas se esquecerem de alguma coisa que tenham combinado, eles trarão novamente o assunto à tona.

Veja outra situação que você pode enfrentar no dia-a-dia:

> *"Querida, eu sinto muito, mas percebi nos últimos tempos que, quando ouço suas mensagens na secretária eletrônica, hesito em ligar de volta. Isso tem acontecido porque suas reclamações sobre seu marido consomem toda a minha energia. Não tenho sido honesta com você nem feito jus à nossa amizade. Você pode contar comigo para salvar seu casamento ou para apoiá-la se resolver se separar. Posso ajudá-la a encontrar aconselhamento profissional, recomendar um livro que possa ser útil ou simplesmente fazer companhia nos momentos difíceis. Estarei sempre a seu lado, mas não agüento mais ouvir você falar dos problemas com seu marido."*

Observe que, quando permite que um amigo ou parente descarregue suas ansiedades e frustrações sobre você, isso não só afeta seu bem-estar físico e emocional como também permite que eles adiem a solução para os problemas que estão enfrentando. Infelizmente, algumas pessoas precisam de uma boa dose de sofrimento até resolverem dar um basta numa situação difícil. Ao "carregar" temporariamente a dor dos outros, você lhes rouba a oportunidade de decidir de vez essas questões.

5. Tenha alguém com quem desabafar depois

Quando você precisa estabelecer limites ou ter uma conversa difícil com alguém, é importante poder contar com algum tipo de ajuda tanto antes quanto depois do encontro fatídico. Se você precisa dizer a seu pai que não quer mais trabalhar com ele, será bom ter ao seu lado uma pessoa com quem possa desabafar e que apoiará sua decisão, fazendo com que você recupere a autoconfiança. Saber que alguém o espera para confortá-lo pode lhe dar a segurança necessária para enfrentar uma situação delicada.

Entre em ação! Estabeleça seu limite interior

Existe ainda outro tipo de limite que eu gostaria de apresentar. Em seu livro *Enfrentando a codependência afetiva,* Pia Mellody sugere que devemos criar um "limite interior" – uma armadura psíquica que nos proteja, evitando que internalizemos as reações dos outros. Mesmo conseguindo impor limites àqueles que não nos tratam bem, sempre existirão pessoas críticas à nossa volta. Em vez de levar os comentários, sentimentos ou julgamentos dos outros para o lado pessoal, devemos usar essa barreira interior.

Esse limite é como um filtro que determina como processaremos o comportamento das pessoas. Por exemplo, antes da avaliação anual de seu trabalho, você deve acionar o seu limite interior para decidir três coisas: primeiro, qual feedback parece correto; segundo, qual parece errado; e terceiro, qual precisa ser analisado com mais cautela. Estabelecer uma sólida barreira interior significa proteger-se de comentários sem fundamento.

Isso não significa que você esteja se desligando de seus sentimentos, e sim protegendo-os.

É importante distinguir um limite interior de um muro que nos isola. Ao construir um muro, você essencialmente se desliga da pessoa que está falando e também do que ela está dizendo. Quando usa o limite, você está conectado com o outro e interessado no que ele tem a dizer, mas protegido contra o que não é verdade.

Na próxima vez que tiver um compromisso que o deixe tenso ou uma conversa com alguém que costuma tirá-lo do sério, imagine que seu coração está protegido por uma redoma de vidro. Coloque a mão sobre o peito e invoque seu aliado interior para apoiá-lo. Você poderá dizer algo como: "Sei que possuo as ferramentas necessárias para conduzir essa conversa com respeito e consideração, pois sou uma pessoa forte e de bom coração. Permanecerei calmo e aberto ao que ele/ela tem a me dizer e, se necessário, pedirei mais tempo para refletir sobre suas opiniões."

Use esse escudo como seu limite interior – e você protegerá não só sua alma como seu poder.

Finalmente, se quiser parar de entregar sua força interior aos outros, deverá se conscientizar de que você *inevitavelmente* desapontará ou magoará alguém. Isso é um fato da vida. Por exemplo, se sua mãe espera que telefone para ela todos os dias e você decide parar de fazer isso, poderá magoá-la ao lhe dizer a verdade. Ao falar: "*Mãe, não posso mais ligar para você todos os dias. Ando muito ocupado no trabalho e, quando chego em casa, preciso de um tempo para mim. Sei que no início essa mudança vai entristecê-la, mas podemos fazer uma transição nos falando duas ou três vezes por semana*", você estará estabelecendo um limite que respeita os sentimentos de sua mãe. Esta é a única responsabilidade que você tem: dizer a verdade com respeito e consideração.

Agora é a sua vez...

Entre em ação! Estabeleça um limite

Ao seguir em frente, buscando estabelecer limites, lembre-se:

- Sempre que você deixa de pedir aquilo que quer ou evita confrontar alguém que o trata mal, reduz sua confiança e auto-estima.
- O corpo nunca mente; ele vai lhe mostrar quando você precisa tomar uma atitude.
- Limites firmes lhe permitem estar mais disponível para os outros.
- Se não conseguir estabelecer e manter seus limites, você sempre terá medo das responsabilidades que surgem com o sucesso.

5

DESENVOLVA SUA CORAGEM

EU ERA MUITO TÍMIDA NA MINHA JUVENTUDE. Usava roupas discretas, pouca maquiagem e fazia o possível para passar despercebida. A palavra "coragem" não pertencia ao meu vocabulário. Mas tudo mudou pouco antes de fazer 30 anos, quando fui convidada para um evento que alteraria inesperadamente o rumo da minha vida.

Minha amiga Suzanne me chamou para assistir à sua apresentação num clube de oratória. Assisti a várias palestras e fiquei impressionada com a coragem dos participantes e com o apoio que davam uns aos outros. Por isso, quando me convidaram para voltar quando quisesse, aceitei sem hesitação.

Várias reuniões depois, o coordenador Dick Skinner me pediu que, na próxima visita, eu abrisse a sessão apresentando-me ao grupo, algo que não levaria mais do que cinco minutos. Entrei em pânico na hora. Estava tão bom sentar no fundo da sala e simplesmente assistir! Mas algo dentro de mim vibrou com a idéia de fazer algo tão ousado. Então, eu aceitei.

Durante toda a semana seguinte, sempre que pensava em como seria a apresentação, minhas mãos suavam, meu coração batia mais rápido e minha garganta ficava seca. Quando contei a

Suzanne o que sentia, ela me encorajou e sugeriu que eu anotasse o que *poderia* dizer caso resolvesse fazer a apresentação. Passei todo o dia seguinte escrevendo sobre minha vida pessoal e profissional. Já tinha material suficiente para falar.

Quanto mais se aproximava o dia da apresentação, mais ansiosa eu ficava. Liguei para Suzanne, disse que resolvera não ir à reunião e pedi que agradecesse a todos pelo convite. Mas Suzanne não me deixou fugir do compromisso, dizendo que eu deveria ir ao encontro e explicar a verdade – que não estava pronta para falar em público.

Esse apelo à minha integridade funcionou e, mesmo tendo acordado com laringite na manhã da reunião, lá fui eu. Quando Dick me perguntou se eu estava preparada, expliquei que estava doente e nervosa demais para falar. Dick respeitou minha decisão. Mas, enquanto eu ouvia os outros palestrantes, uma tristeza profunda tomou conta de mim. Ouvia lá no fundo uma voz me desafiando. Quando Dick me perguntou novamente se eu não gostaria de tentar, respondi: "Sim!"

A distância até o palco foi uma das mais longas que já percorri na vida, principalmente porque havia outra voz dentro de mim criticando minha decisão: "Como é que você foi concordar em fazer isso? Olhe todas essas pessoas com os olhos pregados em *você!* Você vai fazer papel de boba!"

Quando cheguei lá em cima, percebi que havia esquecido de levar minhas anotações. Sem coragem para voltar à cadeira e pegar meus papéis, abri a boca para falar, mas nenhum som saiu. Eu estava sem voz! Tentei novamente e então vi que todas as pessoas na platéia sorriam para mim e balançavam a cabeça em sinal de encorajamento. Consegui pronunciar alguns sons ininteligíveis e, logo depois, corri para fora do palco. Até hoje me lembro de como mordi meus lábios, mas não consigo recordar uma só palavra do que disse.

Guardei também outra lembrança: a imensa alegria que senti quando Helen Chen, minha tutora no grupo, me disse coisas como "Você é uma oradora nata", "Você mantém um excelente contato visual com a platéia" e "Sua voz é tão doce!". Eu estava sentada, meus joelhos tremiam e meu coração disparara. Quando saí da reunião naquele dia, percebi que algo dentro de mim havia mudado. Eu me sentia mais confiante, menos preocupada com minha aparência e, de repente, conseguia olhar as pessoas nos olhos. Essa foi a primeira vez que experimentei a força que surge quando desenvolvemos a coragem e derrotamos o medo.

Foi o início da minha liberdade. O carinho, o apoio e os comentários positivos abriram uma porta dentro de mim – a porta para a vida que tenho agora. Sempre penso em como minha vida teria sido diferente se eu não tivesse enfrentado aquele desafio. Desde então, tive de encarar alguns dos meus piores medos: a morte de entes queridos, o final de relacionamentos importantes, problemas de saúde. Saí fortalecida disso tudo, com mais fé e mais coragem.

Como o medo limita a *sua* vida? O que você gostaria de fazer, mas não faz? Quando usamos o medo a nosso favor e aprendemos a lidar com contratempos e dificuldades, ele se torna nosso aliado. Cada experiência que vivenciamos significa um desafio, mas também uma oportunidade de expandir nossa zona de conforto. A receita para uma vida plena é fazer o medo trabalhar para você.

USE O MEDO A SEU FAVOR

Neste capítulo, vou desafiá-lo a usar o medo como uma ferramenta para fortalecer sua coragem. Você pode não ter percebido, mas já começou a fazer isso ao tornar seu desenvolvimento pessoal uma prioridade. Defender seus interesses e lutar por si próprio é um ato de coragem. Mas chegou a hora de usar seu medo conscientemente para conquistar mais coragem e autoconfiança. Exercitar a coragem vai fazer de você uma pessoa que prefere encarar o medo com naturalidade, em vez de tentar evitá-lo.

Deixe-me esclarecer uma questão: quando falo em desenvolver sua coragem, não estou me referindo a pular de pára-quedas ou praticar bungee-jump. Apesar de essas atividades requererem uma enorme dose de bravura, quero que você pense muito mais alto e diga um enfático *sim* à sua vida! Quero que você dê os passos necessários (pequenos ou grandes) para chegar mais perto daquela pessoa que deseja ser. Quero treiná-lo para enfrentar o medo cara a cara, de forma que você possa ir em busca de uma vida que honre seus valores e sua tarefa divina.

Como o medo pode servir a você? Ele pode deixá-lo de sobreaviso em relação a um perigo potencial, ajudá-lo a manter um foco claro e diferenciar o certo do errado. Também pode desafiá-lo, motivá-lo e lhe dar energia para agir. Você, por acaso, já teve de se submeter a um teste ou fazer uma apresentação no trabalho e depois sentiu tanta energia que achou que estaria pronto para qualquer coisa?

Quando você sai da sua zona de conforto e enfrenta seus medos, tudo o que costumava assustá-lo ou que parecia impossível torna-se mais fácil e sua zona de conforto se expande.

Encarar seus temores desenvolve a confiança e a força emocional – aquele tipo de força que o ajuda a fazer a diferença no mundo. Quanto mais você trabalha o medo, mais a confiança cresce. Muitas vezes evitamos tomar atitudes que melhorariam nossa qualidade de vida esperando que o medo desapareça. Por exemplo, você decide não mudar de carreira temendo não ganhar tanto dinheiro ou não ter tanto sucesso quanto atualmente. Em vez de tentar se dedicar a algo de que goste de verdade, você continua em seu emprego na esperança de algum dia acordar com coragem suficiente para tomar uma atitude. Se ficar aguardando o medo se dissipar, acredite, sua espera será bem longa. Tudo o que vale a pena na vida envolve medo, seja falar com um estranho, dar uma palestra ou terminar um relacionamento fadado ao fracasso.

Entre em ação! Identifique seus medos

Vamos analisar os medos que estão impedindo que você faça o que deseja. Pegue seu diário e liste as primeiras seis coisas que lhe vierem à cabeça.

QUAL O CUSTO DE EVITAR O MEDO?

Fugir das experiências por medo significa perder oportunidades de tornar sua vida mais rica e interessante. Por exemplo, pessoas que têm medo de avião dificilmente poderão realizar o sonho de viajar pela Europa ou de levar seus filhos à Disney. É normal ter medo de ser rejeitado ao convidar alguém para sair ou receio de ficar só ao se mudar para uma cidade onde sempre sonhou morar, mas o custo de não fazer nada, com certeza, será muito maior. Com o passar do tempo, ao cedermos a esses temores, nosso mundo vai se tornando menor. Antes que percebamos, os anos passam e acumulamos inúmeros arrependimentos. *Ao se fechar para a vida por medo, você acaba temendo o futuro.*

Além de nos fazer perder tudo o que a vida tem a oferecer, o medo mina nossa energia e nossa força interior. Por exemplo, se você tem um problema de saúde que o preocupa, mas tem medo de ir ao médico, essa tensão drena sua energia dia a dia. Se seu casamento já não o satisfaz, quanto mais você adia sua decisão, mais força perde.

Entre em ação! Deixe que o medo seja seu professor

Como sua vida mudaria se você usasse o medo como aliado? Quais são os benefícios de enfrentá-lo? O primeiro passo para desenvolver sua coragem é saber que vantagens isso poderia lhe trazer. Então, pegue seu diário e responda às seguintes perguntas:

- *O que você mudaria em sua vida se não tivesse medo algum? O que faria? Aonde iria? Quem gostaria de ter ao seu lado?*
- *Imagine que você não tem muito tempo de vida. Do que se arrependeria de não ter feito?*
- *Que benefícios você (e sua vida) poderia obter ao desenvolver sua coragem?*
- *O que mais você poderia fazer se enfrentasse alguns de seus medos?*
- *Existe alguma coisa que o faça sentir um misto de nervosismo e entusiasmo?*

Tenho um teste infalível para você decidir se deve ou não agir, independentemente do medo que possa estar sentindo: se em determinada situação você experimentar uma mistura de nervosismo e entusiasmo, opte pelo "sim", pois essa costuma ser a melhor escolha. Parece haver alguma coisa nessa combinação de sentimentos que sinaliza a ocasião certa para as pessoas darem um salto qualitativo em suas vidas.

O medo também traz grandes ensinamentos ao revelar nossas limitações. Aprendi isso com minha cliente Katherine. Depois de muita insistência dos amigos, ela saiu com eles para praticar bungee-jump. Mas, ao subir no guindaste e pensar que teria de pular de uma altura de 9 metros como um ioiô humano, Katherine ficou paralisada pelo medo e não conseguiu saltar. Ela desceu, sentindo-se desanimada e aliviada. Katherine assistiu aos saltos dos amigos e decidiu tentar outra vez, pois não queria ser considerada medrosa. Ao ficar novamente nas alturas, Katherine teve raiva de si mesma por ter insistido em fazer aquilo. Ela ficou paralisada pelo pânico e, depois de ser retirada do guindaste pelos instrutores, concluiu que deveria ter escutado a voz dentro dela que a mandava ficar no chão. Nesse caso, o medo de Katherine estava tentando avisá-la para cuidar melhor de si mesma.

Enfrentar o medo traz vários benefícios, entre eles abrir portas para um inesperado sucesso em outras áreas da vida. Meu cliente Cameron aprendeu essa lição quando percebeu que o medo de avião estava ligado à estagnação em sua carreira.

Quando tinha vinte e poucos anos, Cameron foi passar uma semana de férias no Caribe com seus dois irmãos. No vôo de volta para casa, pegou uma tempestade, e o piloto pediu aos passageiros que se preparassem para enfrentar grande turbulência. O avião chegou a cair 1.500 metros abruptamente, e Cameron ficou apavorado, pensando que ia morrer.

Essa experiência foi tão aterradora que por muitos anos ele não conseguiu sequer aproximar-se de um avião. Quando comecei a ajudá-lo em sua vida profissional, eu não conhecia essa história. Ele trabalhava com vendas em uma empresa de alta tecnologia e adorava seu emprego, mas queria ganhar um salário maior e assumir um cargo mais alto. Quando lhe perguntei o que poderia estar impedindo seu progresso, ele respondeu: "Não sei. Toda vez que minhas vendas começam a decolar, surge algum obstáculo no meu caminho."

Nos três meses seguintes, Cameron esforçou-se para melhorar seu desempenho e ganhar mais visibilidade na companhia. Mas, sempre que estava perto de subir um degrau, alguma coisa o atrapalhava. Por exemplo, na manhã em que ele ia fazer uma importante apresentação para o chefe seu carro quebrou e ele chegou duas horas atrasado.

Certo dia, Cameron chegou ao nosso encontro ansioso para me contar o sonho que tivera na noite anterior: ele estava indo de avião para uma conferência de vendas onde faria uma apresentação sobre como vencer obstáculos. Mas, quando o avião levantou vôo, ficou preso em fios de alta tensão. Cameron acordou assustado e se deu conta de que deveria haver alguma ligação entre seu medo de voar e as dificuldades que enfrentava para decolar profissionalmente. Confiando nessa intuição, resolvi encaminhá-lo a um especialista em fobias.

Depois de algumas sessões, Cameron descobriu a relação entre as duas coisas. Num nível subconsciente, ele tinha medo de ter de viajar de avião se assumisse uma posição de gerência. Mas, se realmente quisesse seguir a carreira que adorava, teria de pegar um avião mais cedo ou mais tarde. Ele precisava enfrentar o pânico para desfazer essa associação.

Depois de várias sessões com o especialista em fobias, Cameron sentia-se pronto para entrar em um avião novamente. Felizmente, seu primeiro vôo foi tranqüilo. Enfrentar o medo permitiu que Cameron desenvolvesse sua coragem e o ajudou muito em sua carreira. Com muito trabalho e dedicação, Cameron foi promovido, um ano depois, a diretor de vendas.

Não importa a natureza do seu medo. O que parece terrível para alguns é banal para outros. Mas a única maneira de aprender a enfrentá-lo é praticar, praticar e praticar. Então, mãos à obra!

Entre em ação! Desenvolva sua coragem

Para iniciar este processo é necessário estar comprometido com o sucesso. Qualquer ato de coragem pode ficar mais simples com a preparação e a inspiração corretas. Você precisará de três coisas:

1. Apoio

2. Uma história de sucesso

3. Um talismã de coragem

Como já vimos, ter o apoio de alguém confiável antes e depois de darmos um passo difícil é um requisito básico para a realização de nossos planos. Dessa forma, independentemente do resultado, você terá um amigo fiel que o ajudará a sentir-se bem. O apoio se manifesta de diversas maneiras. Por exemplo, se seu problema envolve uma apresentação em público, você pode pedir a alguns amigos que o escutem enquanto ensaia. Se precisa fazer as pazes com alguém que magoou, procure um ombro amigo depois da conversa. Ou, se está nervoso com sua primeira viagem ao exterior, peça dicas a alguém que já esteve no lugar para onde você vai.

O próximo passo para preparar-se para o sucesso é criar um lembrete pessoal de sua força e capacidade de lidar com o que quer que apareça. Para isso, pegue seu diário e descreva três desafios que você enfrentou com sucesso no passado.

Quando pedi a minha cliente Morgan para fazer esse exercício, ela apontou as seguintes situações:

1. Meu divórcio

2. Voltar à faculdade para conseguir meu diploma

3. Enfrentar a solidão depois que os filhos saíram de casa

A seguir, pedi a ela que respondesse às seguintes perguntas:

1. Que características permitiram que você encarasse esses desafios?

2. De que maneira você lidou com eles?

3. O que aprendeu com essas experiências que poderia ser útil para você agora?

Aqui está o que Morgan escreveu em seu diário:

Em cada uma dessas situações, usei minha paciência e minha perseverança. Sou determinada e, quando decido que vou fazer algo, realmente faço. Sou inteligente o suficiente para buscar o apoio dos meus amigos quando estou chateada com alguma coisa, em vez de descarregar minha raiva nos outros. Isso facilitou muito meu divórcio e a saída dos meus filhos de casa. Depois de criá-los, me tornei mais organizada e criativa. Quando estabeleço metas, como terminar a faculdade, sou capaz de planejar passo a passo o que tenho de fazer e não tenho vergonha de buscar auxílio para implementar essas metas. Aprendi que posso conseguir qualquer coisa com um bom plano, amigos fiéis e uma crença firme em mim mesma.

Ao colocar isso no papel, Morgan criou um recurso que lhe permite se lembrar de seus pontos fortes sempre que sente medo ou questiona seus talentos.

Agora, pense nos três desafios que você enfrentou no passado e responda às mesmas perguntas que fiz a Morgan. Escreva as respostas em seu diário e marque essa página para reler sua história de sucesso sempre que precisar de apoio.

Por fim, encontre um talismã que simbolize sua coragem. Meu amigo Nathan usa uma estatueta do leão do *Mágico de Oz*, enquanto minha amiga Michelle usa a frase "Medo zero". No ano em que decidi trabalhar minha coragem, emoldurei uma citação de Georgia O'Keeffe e pendurei na parede do meu escritório para me lembrar de meu compromisso de agir apesar do medo:

"Senti medo todos os dias da minha vida, mas isso nunca me impediu de fazer tudo o que quis."

O que você vai usar como amuleto?

Quando agimos sem nos deixar levar pelo medo, ganhamos mais energia, pois o entusiasmo de lutar por algo que vai mudar nossa vida é o melhor combustível. Agora é hora de entrar em ação!

Entre em ação! Pratique o jogo Enfrentando Seu Medo

Para começar a enfrentar o medo, pense que está participando de um jogo cujo objetivo é desenvolver sua coragem. O prêmio será confiança e força emocional para viver com plenitude. Aqui estão as regras:

- Escolha uma tarefa de cada uma das sete categorias apresentadas na página seguinte.
- Seu parceiro ou grupo de apoio deve aprovar suas escolhas para garantir que elas são desafiadoras. Se você jogar sozinho, certifique-se de que se esforçará o suficiente para sair de sua zona de conforto.
- Você deve completar as sete tarefas em 30 dias (se escolher uma opção mais demorada, como mudar de casa, você deve ter pelo menos iniciado esse processo dentro dos 30 dias).

Leia as categorias e escolha uma tarefa de cada. Se os exemplos não se aplicarem à sua realidade, crie sua própria atividade e inclua-a na lista apropriada.

Depois de escolher os sete itens, discuta-os com seu parceiro ou grupo de apoio. Para ter certeza de que escolheu tarefas que vão forçá-lo a agir, peça a eles que aumentem um pouco o desafio ou que acrescentem um novo item. Por exemplo, se você decidir ser ousado e mostrar suas poesias a seus amigos, pode ser desafiado a declamá-las em algum evento.

Não faça julgamentos precipitados. Dependendo da sua personalidade, certas ações podem parecer mais simples do que outras. Por exemplo, se você é extrovertido, entrar em uma sala cheia de estranhos e apresentar-se pode não ser grande coisa, mas para quem é tímido será um enorme desafio. O importante é escolher tarefas que sejam desafiadoras *para você* e que o forcem a sair da *sua* zona de conforto.

Jogo Enfrentando Seu Medo

As sete categorias são:

1. Realizar um sonho secreto
2. Destacar-se na multidão
3. Dizer a verdade
4. Ser ousado e destemido
5. Enfrentar um medo físico
6. Enfrentar um medo profissional
7. Enfrentar um medo financeiro

1. Realizar um sonho secreto

Durante anos nutri um sonho secreto de dançar. Adorava ver artistas como Michael Jackson usarem toda a sua magia no palco. Sempre que ouvia música no carro imaginava a coreografia em minha mente. Guardei esse desejo só para mim, pensando que estava velha demais para fazer aulas de dança. Mas, quando tinha 31 anos, ouvi falar de um curso de street dance que me pareceu a oportunidade de realizar meu sonho secreto.

O professor, Carleton Jones, era um jovem dançarino que tinha se apresentado na Broadway com Janet Jackson e Paula Abdul. No primeiro dia, meu crítico interno entrou em ação, reforçando que eu estava velha demais para aquilo. Em uma das aulas, Carleton avisou que a companhia faria sua apresentação anual em Boston e que ele seria o coreógrafo. Ele encorajou os interessados em participar do evento a fazer aulas durante três meses. Ao ouvir isso, o entusiasmo tomou conta de mim, seguido por uma onda de medo. Mas, como eu já havia me imposto o hábito de enfrentar o medo com uma ação, aceitei imediatamente aquele desafio.

No início fiquei ansiosa, mas depois de ensaiar por um mês comecei a relaxar e a curtir a realização do meu sonho. Quando relembro a noite da apresentação, ainda rio da tensão que senti ao dançar com um grupo maravilhoso como aquele.

Agora é a sua vez. O que você sonha fazer? Aqui estão algumas das possíveis tarefas:

_____ Planejar uma viagem para um lugar aonde você sempre quis ir.
_____ Fazer um teste para uma peça.
_____ Candidatar-se a um cargo público.
_____ Participar de um acampamento.
_____ Escrever um livro.
_____ Aprender a pilotar um avião, pular de asa-delta ou velejar.
_____ Aprender a desenhar, pintar ou esculpir.
_____ Apresentar uma obra em uma exposição de arte.
_____ Criar seu próprio site.
_____ Cantar em público (talvez em um bar com karaokê)
_____ Sua tarefa: ______________________________

2. Destacar-se na multidão

O que você gostaria de fazer para se destacar? Fomos educados para ser iguais aos outros e agir segundo suas expectativas e desejos. Se você sonha em ser um líder, precisa se acostumar a ficar em evidência. Minha cliente Jennifer ficou surpresa quando sugeri que desse um pequeno passo: usasse uma nova cor de esmalte – azul metálico. Sempre a mais conservadora de seu grupo de amigas, Jennifer raramente pintava as unhas e, quando o fazia, usava esmalte rosa-claro ou transparente. Minha sugestão era uma maneira segura e engraçada de praticar algo diferente do normal e que lhe parecesse um pouco arriscado.

E você, o que fará para se destacar na multidão? Escolha uma entre as tarefas abaixo:

_____ Mudar o corte de cabelo.
_____ Sair para jantar sozinho.
_____ Usar uma roupa bem diferente.

_____ Cantar em um coral.

_____ Escrever uma carta ao editor de seu jornal preferido.

_____ Usar roupas um pouco mais modernas do que seus colegas de trabalho.

_____ Compartilhar uma opinião diferente.

_____ Levantar-se e falar em uma reunião de condomínio/clube/associação.

_____ Ser o primeiro a dançar num bar ou numa festa.

_____ Usar um chapéu charmoso.

_____ Sua tarefa: ________________________________

3. Dizer a verdade

Meu cliente George sentiu-se aliviado ao dizer a verdade. Com vinte e poucos anos, ele era viciado em jogo. Trabalhava em um banco e roubava dinheiro para sustentar seu vício. Após seis meses, suas dívidas chegaram a milhares de dólares. Vários anos depois, já em plena recuperação, George decidiu contar a verdade para redimir seu passado. Marcou uma reunião com o gerente do banco, explicou seu problema e sugeriu uma maneira de devolver o dinheiro. O gerente ficou sem ação diante da confissão e, depois de consultar seus superiores, disse que o banco não poderia receber aquele dinheiro de volta. Mesmo assim, o banco resolveu não apresentar nenhuma acusação contra George. Sentindo-se aliviado e com maior domínio de sua força interior, meu cliente sabia que ainda tinha uma missão a cumprir. Ele decidiu fazer doações regulares a uma instituição de caridade até ter contribuído com o valor exato que havia subtraído do banco.

Dizer a verdade é uma técnica poderosa para desenvolver a coragem. Há alguém com quem você precise se abrir e ser honesto? Caso afirmativo, inclua isso como uma das tarefas abaixo. Caso contrário, escolha entre as minhas sugestões:

_____ Estabelecer um limite com um parente.

_____ Desculpar-se por ter magoado alguém.

_____ Pedir a alguém que pare de lhe mandar e-mails com piadas ou correntes.

_____ Admitir um erro do passado.

_____ Contar para alguém sobre seu hábito de gastar mais do que ganha.

_____ Dizer a uma pessoa que ela o magoou.

_____ Pedir que alguém pare de falar tanto.

_____ Comunicar que você não quer mais saber de fofocas.

_____ Admitir e resolver um problema em um relacionamento.

_____ Corrigir informações falsas em seu currículo.

_____ Sua tarefa: ________________________________

4. Ser ousado e destemido

No início de sua carreira, Hannah era secretária executiva de um empresário e cuidava tanto de seus negócios quanto de sua vida pessoal. No final do primeiro ano em que trabalharam juntos, Hannah recebeu como bônus um polpudo cheque. No segundo ano, apesar de ter trabalhado muito mais e estar contando com uma boa gratificação, Hannah recebeu apenas uma cesta de Natal, com doces e bebidas. Quando conversamos, ela se sentia revoltada e insultada pelo modesto presente.

Expliquei a ela que, para honrar sua auto-estima, ela precisava ser direta e dizer ao chefe como se sentia. Encorajei-a a telefonar para ele imediatamente, em vez de guardar a raiva durante os feriados de fim de ano. Ela concordou e, apesar de seus joelhos tremerem, ligou na mesma hora e lhe disse exatamente como se sentia. Dez minutos mais tarde, seu chefe estava batendo na porta com um pedido de desculpas e um cheque.

De que maneira *você* vai ser destemido? Escolha:

_____ Elogiar um estranho.

_____ Matricular-se em um curso de teatro.
_____ Dar uma palestra/fazer um discurso.
_____ Reclamar quando receber um serviço malfeito ou diferente do que você pediu.
_____ Participar de um programa de debates na TV.
_____ Mudar a rotina de férias de sua família.
_____ Convidar alguém para sair.
_____ Fazer campanha e defender uma causa difícil, mas na qual você acredita.
_____ Negociar o preço de um produto/serviço/negócio.
_____ Sua tarefa: ________________________________

5. Enfrentar um medo físico

Aprender um novo esporte ou atividade física pode ser uma ótima maneira de expandir sua zona de conforto. Quando meu cliente Jonathan finalmente aprendeu a andar de patins, ficou surpreso com a facilidade. Ele tinha adiado isso por três anos com medo de parecer desajeitado e cair, mas, quando mencionou seu desejo para seu grupo de apoio, um dos participantes ofereceu-se para ensiná-lo. Depois de aprender a frear e fazer curvas, Jonathan passou a se sentir uma "fera" nesse esporte. Chegou a ser convidado para se apresentar no Central Park, em Nova York, com um grupo de patinadores que havia conhecido. Essa foi a melhor coisa que já acontecera na sua vida.

E você? Qual medo físico precisa enfrentar?

_____ Aprender a surfar.
_____ Marcar uma consulta com seu dentista.
_____ Pedir ajuda para enfrentar alguma fobia (medo de cobras, aranhas ou altura).
_____ Mudar para outra cidade ou país.
_____ Aprender a nadar, andar de patins ou de bicicleta.
_____ Pular de pára-quedas.

_____ Marcar uma consulta com seu médico.
_____ Parar de fumar.
_____ Subir em uma balança e se pesar.
_____ Marcar uma cirurgia que sempre adia.
_____ Sua tarefa: ___________________________________

6. Enfrentar um medo profissional

Durante três anos a massoterapeuta Andrea relutou em aumentar o valor de suas consultas. Ao comparar o preço que praticava com o de seus colegas, ela chegou à conclusão de que cobrava muito menos, mas sentia medo de perder a clientela. Andrea não conseguia ganhar o suficiente para suas despesas e não lhe restava alternativa senão enfrentar o problema. Sugeri que ela aumentasse seu preço e a desafiei a cobrar acima da média do mercado. Andrea aceitou testar seus limites e escreveu uma carta aos clientes explicando os motivos do reajuste. Ela se surpreendeu com a reação positiva deles. Ao fazer isso, minha cliente não só desenvolveu sua coragem como também percebeu que tinha condições de enfrentar outros medos que a atormentavam havia anos.

Como *você* vai expandir sua zona de conforto profissional?

_____ Fazer 50 ligações para solicitar o que quer.
_____ Começar um novo negócio.
_____ Pedir um aumento de salário.
_____ Pedir que outros dêem referências suas.
_____ Contratar alguém.
_____ Demitir alguém.
_____ Comprar um computador ou outro equipamento novo.
_____ Aumentar seus honorários.
_____ Encaminhar clientes problemáticos para outros profissionais.
_____ Implementar uma mudança em sua carreira.
_____ Sua tarefa: ___________________________________

7. Enfrentar um medo financeiro

Meu cliente William finalmente encarou o fato de que estava bastante endividado. Ele havia gasto muito em roupas novas e presentes para seus amigos, mas, quando calculou o montante de seus excessos, ficou chocado ao chegar a 35 mil dólares. William entrou em contato com um consultor financeiro e elaborou um plano para eliminar suas dívidas. Apesar de saber que isso levaria um bom tempo, sentiu-se aliviado e determinado a criar outros hábitos mais saudáveis.

Qual medo financeiro *você* precisa enfrentar?

_____ Analisar friamente o extrato do seu cartão de crédito.

_____ Marcar uma reunião com o gerente do seu banco ou a administradora do seu cartão para acertar a quitação de suas dívidas.

_____ Abrir uma pasta de "contas a pagar".

_____ Fazer sua declaração de imposto de renda.

_____ Saldar uma velha dívida.

_____ Cobrar uma quantia que alguém lhe deve.

_____ Acertar os canhotos de seu talão de cheques.

_____ Fazer a contabilidade de seus débitos.

_____ Cancelar seus cartões de crédito.

_____ Elaborar e seguir um orçamento.

_____ Sua tarefa: ____________________________________

Agora releia cada uma das categorias acima e liste as tarefas que escolheu. Você está pronto para começar! Não se esqueça de contar com as pessoas que escolheu para apoiá-lo. Para ajudá-lo a desenvolver sua coragem, aqui vão alguns conselhos importantes:

Entre em ação rapidamente. Não deixe a ansiedade crescer com o tempo. Por exemplo, se você decidir marcar uma consulta médica, faça isso o mais cedo possível.

Avalie seus erros. Lembre-se de que errar é humano e algo necessário quando aprendemos a desenvolver nossa coragem. Encare cada erro como uma oportunidade de pedir ajuda ou de mudar de direção.

Mude de idéia. Se você decidir tomar determinada atitude, mas de repente achar que ela não é a melhor opção, confie em sua intuição. Conheça suas limitações e permita-se mudar de idéia.

Na dúvida, consulte um amigo. Se você sentir que seu bem-estar físico ou emocional está ameaçado, converse com uma pessoa de confiança. Peça ajuda a alguém que seja mais corajoso do que você.

Imponha-se um prazo. Não confunda planejar com agir. Para realmente progredir na vida, você deve estabelecer prazos para fazer as coisas. E cumpri-los.

Seja responsável. Peça a seu parceiro ou grupo de apoio que o relembre de sua responsabilidade com seus compromissos. Ser desafiado pelos outros fornece inspiração e motivação instantâneas.

Preparado? Pratique o jogo Enfrentando Seu Medo para dizer sim à vida. De hoje em diante, sempre que tiver medo, sinta entusiasmo! Encare seus temores como oportunidades para desenvolver aquele tipo de coragem que lhe permitirá dar alguma contribuição ao mundo!

6

NÃO ACEITE NADA MENOS DO QUE O MELHOR

POSSUÍMOS DOIS BENS TEMPORÁRIOS NA VIDA: tempo e energia. Para mantermos nosso desenvolvimento pessoal e espiritual e nosso compromisso de fazer algo para tornar este mundo melhor, devemos direcionar esses bens para aquilo que está alinhado com nossos valores. E, para fazer isso, precisamos aprender a ter paciência e maturidade para não aceitar nada menos do que o melhor.

Todos nós recebemos o dom do livre-arbítrio e, junto com ele, a responsabilidade de fazer escolhas sábias. Ao nos tornarmos altamente seletivos sobre como usaremos nosso tempo e energia, adquirimos uma perspectiva mais sensata da vida. Muitas vezes, menos significa mais, e qualidade é sempre melhor do que quantidade. Reconhecemos que nossa vida exterior é sempre um reflexo da interior e, assim, precisamos desenvolver a consciência sobre o que deixaremos ou não acontecer em nossas vidas.

Quando digo que não devemos aceitar nada menos do que o melhor não me refiro a alimentar uma fome insaciável por bens materiais, e sim por outras "coisas" mais profundas e importantes do que um carro novo ou uma mansão. Refiro-me àquela fome que está diretamente ligada aos valores espirituais que nos permitem dar o máximo de nós mesmos. Almejar o melhor não é uma atitude ambiciosa, mas um subproduto da auto-estima e da compreensão de que temos direito a uma boa qualidade de vida. Não há nada imoral ou egoísta em manter altos padrões espirituais. Na verdade, *à medida que você aprende a trocar o bom pelo ótimo, adquire a capacidade de incentivar os outros a fazerem o mesmo.* A privação traz medo e egoísmo, o contrário de um espírito generoso. Já a abundância dá origem ao amor, à generosidade e a um desejo profundo de ajudar nossos semelhantes.

Desenvolver essa característica é a próxima etapa de seu crescimento espiritual. Quanto mais valor der a si mesmo, maior será a sua consciência de que merece o melhor e mais você se permitirá receber. Naturalmente existem riscos envolvidos nisso – a dor da desilusão, o medo da perda ou a sensação de ser um "estranho no ninho" ao escolher um caminho diferente daqueles que estão próximos a você. Mas é precisamente esse receio que nos impede de ter altas expectativas e nos faz aceitar menos, nos levando a preferir relacionamentos insatisfatórios a estar sozinhos. Ou ainda nos fazendo permanecer em um emprego "seguro" apesar do vazio que sentimos por não podermos expressar nossos talentos.

PADRÕES ESPIRITUAIS

Valores espirituais são as regras ou orientações que você estabelece para respeitar sua verdadeira essência. Eles são os padrões fundamentais que lhe garantem uma melhor qualidade de vida. Quando você os respeita, se torna mais maduro e dá o melhor de si em cada experiência, protegendo seu tempo e sua energia. No início, quando ainda estamos aprendendo a querer mais, isso pode ser um pouco desconfortável, pois temos a tendência de evitar grandes mudanças. Aprendemos a nos contentar com pouco, a preencher nosso tempo e espaço com inutilidades e coisas medíocres por causa do medo de perder o que temos. Mas, quando reunimos coragem suficiente para lutar por algo melhor, nossos esforços são sempre bem recompensados.

Quando você começar a querer mais, será preciso ter paciência e força emocional para *ficar com o que é bom* (por exemplo, um novo emprego) *enquanto procura algo que é ótimo* (um emprego onde você utilize seus talentos e capacidades). Isso será um desafio e tanto no início, já que vivemos numa sociedade que reforça a necessidade de gratificação imediata. Felizmente, quanto mais você exercitar a paciência, mais a terá, assim como mais fácil será esperar que algo melhor venha ao seu encontro.

Isso tudo também lhe trará a oportunidade de aumentar sua fé, transformando-a em uma força maior do que você mesmo. Muitas vezes será necessário deixar passar o bom sem saber direito o que será o melhor nem quando virá. Isso irá ensiná-lo a crer na presença divina e a tornar-se uma testemunha de tudo o que ela pode nos oferecer.

Ao aprender a respeitar meus valores e a não aceitar nada menos do que o melhor, uma força divina começou a me abrir portas que nunca imaginei antes, acelerando meu crescimento pessoal e profissional. Já testemunhei isso na vida de meus clientes também. Ana, por exemplo, decidiu juntar-se a outras pessoas engajadas em seu crescimento pessoal. Para isso, terminou um "bom" relacionamento em busca de outro mais profundo e satisfatório. Apesar de ter sido difícil, quando aceitou a própria decisão e reuniu coragem para colocá-la em prática, um relacionamento novo e saudável apareceu na hora certa. Ao honrar seus padrões espirituais, uma presença divina freqüentemente lhe enviará mais do que você poderia imaginar.

Cada um de nós tem seu próprio e singular conjunto de princípios espirituais, mas observei um padrão comum entre as pessoas bem-sucedidas. Esses padrões universais são:

1. Eu centro minha vida em torno de meus valores.
2. Eu me esforço para ter uma vida íntegra na qual pensamentos, palavras e ações estão alinhados com meus valores espirituais.
3. Cerco-me de pessoas comprometidas com seu desenvolvimento interior.
4. Envolvo-me em trabalhos que refletem meus valores e me inspiram a dar o melhor de mim.
5. Meu bem-estar emocional, físico e espiritual é minha prioridade número um.
6. Respeito os outros e resisto à tentação de julgá-los a partir de minhas crenças.
7. Estou comprometido com uma vida que sirva a um propósito maior.

Entre em ação! Defina seus valores espirituais

Pense agora em outros valores espirituais que você gostaria de incorporar à sua vida. Para honrar seus novos valores, comece realmente a não aceitar nada menos do que o melhor. Prepare-se para grandes mudanças que acontecerão em sua vida. A seguir, vou mostrar um exemplo do que quero dizer.

O CLIENTE IDEAL

Há vários anos, quando iniciei minha carreira, estava disposta a trabalhar com qualquer pessoa que contratasse meus serviços. Ansiava por ganhar experiência e ter uma fonte de renda segura. Mas, com o passar do tempo, percebi que havia certos clientes que me inspiravam a dar o melhor de mim e que me permitiam honrar meus valores espirituais. Assim, criei um exercício – que chamei de "perfil do cliente ideal" – que muito me ajudou a identificar quem me inspirava a usar minhas melhores capacidades.

Além de usar esse exercício em meu próprio trabalho, ensinei-o para clientes que também queriam elevar seus padrões. Todos obtiveram excelentes resultados. Lembro-me de Pauline, proprietária de uma pequena firma de contabilidade, que estava cansada de seu emprego e decidida a vender seu escritório para dedicar-se a outra atividade. Quando lhe pedi para definir o que queria dizer com a palavra "cansada", ela disse que não se sentia mais desafiada e que estava cheia de ter de lidar com pequenos detalhes, como cobrar honorários atrasados. Expliquei-lhe o conceito de trocar o bom pelo ótimo e sugeri que estabelecesse novos padrões para seu trabalho.

Até então, Pauline aceitara menos do que merecia, estava entediada com a maior parte de seu dia-a-dia e sentia que já era hora de respeitar seus valores para honrar sua saúde emocional, física e espiritual. Pedi-lhe, então, que refletisse sobre os últimos anos de sua experiência profissional e fizesse uma lista dos clientes com quem o convívio era algo compensador. Depois disse-lhe para selecionar os 10 melhores.

A seguir, pedi que Pauline identificasse as características que esses 10 clientes tinham em comum. Por exemplo, eram, em sua maioria, homens ou mulheres? Tinham mais ou menos a mesma idade? Trabalhavam em um segmento de mercado específico? Tinham necessidades ou personalidades parecidas? Depois de identificar os denominadores comuns, sugeri que ela escolhesse as sete características que considerava mais importantes.

Essas características formaram o perfil do cliente ideal, aquele que o inspirava a fazer um trabalho excepcional. Veja a lista que ela elaborou:

Meus clientes ideais:

1. Possuem seu próprio negócio.
2. Têm um alto grau de integridade.
3. Apreciam meu trabalho.
4. Pagam meus honorários pontualmente.
5. Têm senso de humor e fazem com que eu me sinta bem em sua companhia.
6. Têm um plano de crescimento bem elaborado.
7. Tratam-me como uma parceira e respeitam minha contribuição.

Tendo em mãos o perfil do cliente ideal, Pauline respondeu às perguntas que fiz. Como seria trabalhar somente com clientes que tivessem esse perfil? Se pudesse fazer isso, ainda consideraria vender sua firma? Gostaria de experimentar trabalhar somente com clientes assim, para checar como se sentiria?

Pauline decidiu tentar. Como sugeri, ela imprimiu três cópias da lista e as colocou em lugares onde pudesse sempre vê-las: perto do telefone, em sua agenda e ao lado do monitor de seu computador. Desse modo, internalizaria essas características rapidamente e começaria a atrair esse tipo de pessoa para sua firma.

Agora que aprendera a diferenciar o melhor, ela iria usá-lo para escolher novos clientes. Avisei que ela provavelmente seria testada, pois seria contatada por várias pessoas que *quase* se encaixariam em suas expectativa. Seu desafio seria não aceitar nada menos do que o melhor em relação aos clientes em potencial.

No início, Pauline cometeu o erro de aceitar algumas pessoas que estavam fora do padrão estabelecido, mas isso fez parte de seu aprendizado e serviu para relembrá-la de sua meta. Com o tempo e com a ajuda da força divina, ela adquiriu um "olho clínico" e manteve-se fiel ao perfil que elaborou, atraindo somente clientes ideais.

Oito meses depois, Pauline estava surpresa com a mudança em seus negócios. Ela estava ganhando mais dinheiro do que nunca, tinha um trabalho desafiador e clientes ótimos. Toda manhã, ao acordar, sentia vontade de ir logo para o escritório. Sua decisão de só aceitar o melhor havia transformado sua vida pessoal e profissional, e seus clientes também se beneficiavam disso.

Entre em ação! Defina seu ideal

O exercício do "cliente ideal" pode ser usado de diversas maneiras para respeitar seus padrões espirituais. Por exemplo, quando meu cliente Rick disse que queria fazer amigos que também estivessem buscando evoluir espiritualmente, pedi-lhe que elaborasse o "perfil do amigo ideal", incluindo interesses, qualidades e crenças que estivessem alinhados com os seus. E quando minha outra cliente, Nick, precisou contratar um novo assistente administrativo, sugeri que ela criasse um perfil da pessoa que melhor a ajudaria em seu trabalho. Fica muito mais fácil não aceitar nada menos do que o melhor quando você tem uma idéia bem clara do que o "melhor" significa para você.

Agora é a sua vez. Escolha uma área da sua vida em que precisa estabelecer um ideal e trocar o bom pelo ótimo. Por exemplo, se está à procura de um novo companheiro, trace o perfil do parceiro ideal. Se está pensando em mudar de emprego, liste as características da empresa ideal. Você pode usar esse exercício até mesmo quando for comprar sua casa nova ou escolher a escola perfeita para seu filho.

Pegue seu diário e escreva que perfil ideal você pretende criar e o que significa o "melhor" nesse caso. Para compor esse perfil, quais são as sete características mais importantes para você? Ao definir sua noção de "ideal", respeite seus critérios. Não aceite menos do que você realmente deseja. Por exemplo, se você está pensando em contratar alguém, seja paciente e entreviste tantos candidatos quantos forem necessários até encontrar a melhor pessoa. Se você é um empresário e imaginou o perfil do projeto ideal, esteja disposto a dispensar uma idéia boa ou regular para abrir a porta para a idéia perfeita. Acredite, a espera compensará!

Vamos discutir agora outra maneira de colocar isso em prática: o teste do "sim absoluto".

O TESTE DO "SIM ABSOLUTO"

Em meu livro *Sua vida em primeiro lugar*, ofereci uma forma simples mas poderosa de ajudar as pessoas a honrar suas prioridades: criar uma lista de "sim absoluto", com os sete itens que mais merecem seu tempo e sua energia. Essa lista se tornou o documento de referência para fazê-las tomar decisões mais sábias. Funciona assim: tudo o que não estiver nessa lista não é uma prioridade.

Levei o conceito do "sim absoluto" um passo à frente e transformei-o em um teste para avaliar se algo é importante o suficiente para consumir seu tempo e sua atenção. Ele é uma excelente ferramenta que ajuda a fazer escolhas com sabedoria. Por exemplo, a prioridade número um da minha cliente Laura é criar um tempo para si mesma, para meditar, ler e se cuidar espiritualmente. Por isso, sempre que é convidada para festas ou eventos sociais, ela se pergunta: "Esta festa é um 'sim absoluto'?" Se a resposta não for um enfático "sim", ela recusa o convite.

Aprendi a confiar nesse teste para guiar todos os aspectos de minha vida, desde a escolha de um restaurante até uma oportunidade de trabalho. E sempre deu certo. No início, você poderá se sentir tentado a dizer "sim" em situações que mereceriam, no máximo, um "talvez". Mas, à medida que for aprendendo a não aceitar nada menos do que o melhor, terá firmeza para diferenciar o "sim absoluto" do "não".

Entre em ação! Faça o teste do "sim absoluto"

Pare por um momento e considere as principais decisões que você tem de tomar agora. Alguma compra importante? Um novo rumo para seu trabalho? Anote em seu diário essas decisões. A seguir, pergunte a si mesmo: "Isto é um 'sim absoluto'?" Você saberá a resposta assim que fizer a pergunta. Um "sim absoluto" não deixa margem a dúvidas, transmitindo uma sensação de segurança, de que é aquilo que queremos. Habitue-se a usar esse teste também para questões cotidianas, como a escolha de um filme ou do lugar onde vai passar o fim de semana. Confie em seus sentimentos. Mantendo-se fiel a seus valores – você vai atrair coisas maravilhosas!

ESCOLHA COM SABEDORIA

Ao trilhar o caminho que lhe permite defender seus interesses, torne a idéia de trocar o bom pelo ótimo um guia para todos os aspectos de sua vida. Eu, por exemplo, sempre fico atenta ao que permito entrar em minha mente. Isso significa constantemente filtrar o que leio, vejo ou escuto, me perguntando: "Isto vai honrar meus valores?" Certa noite, eu estava assistindo à TV e sintonizei em um canal que falava sobre um assassinato. Imediatamente me senti envolvida pelo drama. Poucos minutos depois, percebi que, embora aquilo parecesse interessante e "bom", não era uma escolha adequada para minha personalidade sensível. Ao me dar conta disso, rapidamente decidi mudar de canal para assistir a um programa mais alto-astral.

Amanda, uma cliente, usou esse princípio para escolher seus relacionamentos com sabedoria. Às vésperas de completar 30 anos, tinha uma vida social intensa e saía quase todas as noites, mas, no fundo, se sentia muito solitária.

Quando analisamos seus relacionamentos, ela admitiu que eram todos muito superficiais e não amizades verdadeiras. Amanda vivia cercada de pessoas com quem saía, tomava uns drinques e conversava sobre amenidades. Só que ela queria mais do que isso.

Desejando investir em sua qualidade de vida, ela ansiava por laços mais profundos, que fossem emocional e espiritualmente compensadores. Então, avaliou cada um de seus relacionamentos, resolvida a dedicar seu tempo e sua energia às pessoas com quem tinha uma ligação mais verdadeira. Isso significava distanciar-se de alguns conhecidos, investir mais seriamente em outras pessoas e procurar novos amigos que compartilhassem seus interesses e valores.

Você também pode aprender a usar seu tempo e sua energia de maneira a respeitar mais profundamente seus valores. Basta fazer escolhas mais sábias nas pequenas coisas do dia-a-dia. Por exemplo, você pode:

- Permitir-se passar mais tempo com um amigo, em vez de encontrá-lo para um almoço rápido e sair apressado para outro compromisso.
- Pagar uma pequena taxa de entrega para não precisar sair de casa para fazer compras.
- Relaxar com sua família depois do jantar, em vez de levantar correndo para lavar a louça.
- Trocar uma noite em frente à TV por uma ida ao teatro.

Se você praticar todos os dias, notará o efeito cumulativo e verá que até as pequenas escolhas podem ter um enorme impacto positivo na sua qualidade de vida. Mas para isso você precisa elevar suas expectativas e, conseqüentemente, sua auto-estima.

Entre em ação! Crie o hábito de só aceitar o melhor

Desafie-se a colocar isso em prática durante um dia inteiro. Para orientar suas escolhas, faça a seguinte pergunta:

Se isto é bom, o que seria melhor?

Reforce esse novo hábito reservando alguns momentos no final de cada dia para avaliar seu sucesso. Isso não só vai fortalecer sua capacidade de aceitar apenas o melhor como também fornecerá a motivação necessária para fazer escolhas cada vez mais sábias.

E quanto mais sábias forem suas escolhas, mais você passará a honrar seus padrões espirituais. Peça ao seu parceiro ou ao seu grupo de apoio que o relembre de seus valores. Nos momentos em que se sentir tentado a aceitar algo "bom" no lugar do "ótimo", respire fundo e espere. Você encontrará força interior e maturidade para aceitar o que verdadeiramente merece – o melhor.

7

CENTRE SUA VIDA EM SEUS VALORES

A MAIOR CONTRIBUIÇÃO QUE podemos dar ao mundo é fazer de nossa vida a verdadeira expressão de nossos valores. Quando nos sentimos inspirados, ansiosos por começar o dia e em paz com nosso eu, somos capazes de realizar todo o nosso potencial. A recompensa do trabalho interior descrito neste livro é ganhar coragem e confiança para viver uma vida plena de significado e propósito – uma existência que honra nossos valores.

Você já deve estar se sentindo mais confiante, centrado e seguro de quem realmente é. Sua auto-estima provavelmente está mais fortalecida. Você desenvolveu várias habilidades que lhe permitem expressar seu poder e exercitar seu respeito por você e pelos outros. Parabéns! Agora está na hora de compartilhar esse aprendizado com o resto do mundo.

Como discutimos no capítulo 1, temos um propósito duplo na vida. Primeiramente, devemos manter um compromisso com nosso desenvolvimento pessoal e espiritual, elevando nossos pensamentos, palavras e ações a um nível superior e mais iluminado. Em segundo lugar, devemos ir além do campo pessoal e levar isso aos outros, visando tornar o mundo um lugar melhor para se viver. Agora que aprendeu a focar sua energia em seu crescimento interior, está na hora de orientar sua vida pelos mesmos valores e oferecer seus talentos e dons às pessoas à sua volta.

Neste capítulo discutiremos três conceitos principais:

1. Valores
2. Mudanças
3. Ações

Para começar a centrar sua vida em seus valores, você deverá voltar ao capítulo 2 e analisar as transformações por que passou em decorrência do trabalho que realizamos até aqui. A seguir, com seus princípios essenciais claramente definidos, vai reavaliar as três mudanças que decidiu fazer na sua vida. E, por fim, deve passar por um processo simples, de três passos, para implementá-las. Vamos começar!

Entre em ação! Reconsidere seus valores

À medida que se fortalece internamente e modifica seu comportamento, é importante reconsiderar seus valores, pois eles mudam com nossa evolução e com as transformações que ocorrem em nossa vida. Para saber se os quatro valores essenciais que você escolheu inicialmente continuam os mesmos, refaça o teste de valores do capítulo 2. Quando terminar, anote seus quatro valores essenciais no diário (quer eles tenham mudado ou não):

Meus valores essenciais atuais:

1. ______________________
2. ______________________
3. ______________________
4. ______________________

Agora que seus valores estão claramente definidos, a próxima etapa é reavaliar as três mudanças de vida que você escolheu fazer no capítulo 2. Como você se sente ao reler essa lista? Você ainda considera essas ações importantes para orientar sua vida? Em caso positivo, elas são tão desafiadoras quanto no começo deste trabalho? Em caso negativo, o que precisa ser modificado para que elas se tornem mais apropriadas? Se você resolver torná-las mais desafiadoras ou alterá-las de alguma maneira, recomendo que reflita sobre seu desenvolvimento desde que começou a ler este livro e sobre como isso afetou seu desejo de mudanças. De que maneiras se deu o seu crescimento pessoal? Que qualidades suas estão mais fortalecidas?

Quando minha cliente Rachel reavaliou seus valores e as mudanças que queria implementar, surpreendeu-se ao observar que, apesar de seus valores continuarem os mesmos, todas as mudanças que havia programado anteriormente tinham de ser substituídas. Rachel não se considerava mais a mesma pessoa e percebeu que sua lista inicial (mudar de emprego, terminar um relacionamento e voltar a estudar) nada mais era do que uma tentativa de preencher um vazio em sua vida.

Casos como o de Rachel são comuns. Muitas vezes tentamos realizar grandes transformações em nossa vida em reação a alguma outra coisa que não está dando certo. Nesse caso, ou estaremos fadados ao fracasso ou acabaremos escolhendo uma direção insatisfatória. Quando você constrói um relacionamento sólido consigo mesmo, torna-se capaz de fazer escolhas inteligentes, originadas no seu íntimo, que lhe propiciam um verdadeiro sentimento de realização.

Sentindo-se mais forte, confiante e capaz de lutar pelo que queria, Rachel descobriu que precisava fazer tudo de maneira diferente. Tomou, então, a decisão de não terminar seu relacionamento, e sim passar a defender seus interesses e necessidades e estabelecer limites em relação ao tempo que precisava para ela mesma. Rachel resolveu também permanecer no emprego até melhorar sua situação financeira, pois percebeu que sua energia estava sendo consumida pelas dívidas e concluiu que resolver esse problema era mais importante do que arranjar outro trabalho. Por fim, achou prudente esperar um pouco mais antes de voltar a estudar, pelo menos até ter saneado suas dívidas. Obter um diploma, sem um plano de carreira bem delineado, não adiantaria nada – ela precisava pesquisar e analisar novas opções antes de investir tempo e dinheiro na retomada dos estudos.

Depois de reavaliar suas decisões, Rachel chegou ao seguinte plano de mudanças de vida:

1. Melhorar meu relacionamento com Kevin.
2. Quitar minhas dívidas.
3. Analisar novas opções de carreira.

Já meu cliente Paul decidiu enveredar por um caminho diferente. Firmemente comprometido com suas necessidades, ele decidiu dar uma guinada em sua vida. Solteiro, com quase 40 anos e trabalhando como advogado criminalista, Paul sentia-se pronto para lutar pelo que desejava: tornar-se humorista. Quando reavaliou seus valores e as mudanças que deveria fazer, percebeu que estava no caminho certo. Seus valores essenciais eram:

1. Ensinar
2. Rir
3. Divertir-se
4. Dinamizar

Paul era inteligente e naturalmente engraçado. Por muito tempo guardou segredo sobre seu sonho. Quem seria louco de jogar fora uma carreira bem-sucedida de advogado para tentar a sorte como humorista? Ao identificar claramente seus princípios e confiar em si próprio, ele resolveu que chegara a hora de fazer o que mais queria: ensinar as pessoas usando o riso como ferramenta. As mudanças de vida que ele pretendia implementar eram:

1. Largar aos poucos a carreira de advogado.
2. Investir na carreira de humorista.
3. Mudar para Los Angeles, em busca de oportunidades de trabalho como comediante.

Meu cliente sabia que estava se arriscando. Vários parentes e amigos pensaram que ele tinha perdido o juízo, mas Paul perseverou. Seu plano de ação era o seguinte:

1. Tomar medidas financeiras para sustentar a realização de meu sonho.
2. Pesquisar as histórias de vida de humoristas de sucesso.
3. Criar meu próprio material de trabalho.
4. Apresentar-me em um show de calouros.
5. Pesquisar opções de moradia em Los Angeles.

Entre em ação! Reavalie suas mudanças de vida

Agora é a sua vez de revisar e reavaliar as mudanças de vida consideradas inicialmente, alterar o que for necessário e listar as três novas metas em seu diário. Lembre-se de considerar todos os aspectos de sua vida: casa, relacionamentos, bem-estar emocional, físico e espiritual.

Quando estiver convicto de seus valores e das mudanças que precisa efetivamente realizar para honrá-los, entre em ação. Aqui vão três passos eficazes e produtivos:

1. Reflita, gere idéias e elabore um plano de ação.
2. Preveja possíveis obstáculos e prepare-se para vencê-los.
3. Aja.

Esses três passos representam a filosofia básica que eu sigo sempre que começo um novo projeto ou decido realizar qualquer grande transformação em minha vida.

Entre em ação! Reflita, gere idéias e elabore um plano de ação

Talvez você já saiba quais ações específicas precisa iniciar para implementar suas mudanças. Nesse caso, liste 10 ações em seu diário (à medida que avançarmos na discussão sobre o poder da reflexão e da geração de idéias, pode ser que você se sinta motivado a alterar seus planos). Caso contrário, uma excelente maneira de superar obstáculos é contar com a sabedoria dos outros. No livro *Pense e enriqueça*, originalmente publicado em 1937, Napoleon Hill sugeriu aos leitores que formassem um grupo de "grandes pensadores" para ajudá-los a alcançar seus objetivos. O livro de Hill me ensinou o conceito da força do grupo e me estimulou a formar meu próprio grupo de "grandes pensadores". Nos últimos 15 anos, tenho recorrido a essa dinâmica para encontrar soluções para todo tipo de problemas ou para identificar idéias criativas que possa colocar em prática em algum projeto.

Ao fazer mudanças para alinhar sua vida com seus valores, talvez você se sinta paralisado pelo medo e tenha bloqueios criativos. Por isso, um brainstorm com amigos e colegas de trabalho pode trazer idéias, recursos e energia para você dar o primeiro passo. Quando várias pessoas se reúnem com o único propósito de refletir e gerar idéias, uma energia incrível é liberada e milagres começam a acontecer.

Recomendo que essa sessão de geração de idéias seja conduzida da seguinte forma: você pode convidar um grande número de pessoas para discutir sobre seus problemas específicos ou então reunir um grupo menor (seis a oito pessoas) e fazer com que todos ajudem a todos. Os dois métodos têm suas vantagens. Há alguns anos fiz parte de um grupo que se reunia no café de uma livraria uma vez por mês. Ele foi o catalisador de muitas realizações para mim, incluindo meu sonho de me tornar escritora.

Para organizar as sessões de brainstorm, faça o seguinte:

- Reúna na sua casa ou no seu escritório um grupo de pessoas otimistas e com bastante disposição. Explique que vocês vão refletir e gerar idéias por uma ou duas horas e que todos estão convidados a colocar em pauta um problema pessoal que precisem resolver.
- Crie um clima positivo.
- Evite discussões ou debates violentos.
- Anote todas as idéias.
- Mantenha a mente aberta: nunca se sabe quando uma idéia aparentemente boba pode levar a uma descoberta fantástica!

Torne esses encontros uma ocasião festiva e produtiva. Você pode organizar um jantar e sugerir que cada um leve um prato ou oferecer somente salgadinhos e bolo. Certifique-se de que seja agradável e proveitoso para todos. Peça que cada participante apresente uma necessidade específica e determine um tempo para cada um, de forma que todos tenham chance de falar e ninguém monopolize a sessão.

Quanto aos participantes, pense em outras pessoas além de amigos e parentes: conhecidos, colegas de trabalho, profissionais com quem você mantém contato no dia-a-dia (médicos, dentistas, advogados ou contadores). Aprendi que, às vezes, de quem menos se espera pode surgir uma contribuição significativa. Você terá uma grata surpresa com o nível de interesse que as pessoas têm em compartilhar idéias e apoiar o sucesso das outras.

Para facilitar a organização da primeira sessão, você pode enviar por e-mail um convite como este abaixo para participantes em potencial. Faça as adequações necessárias:

Caro amigo(a),

Decidi recentemente _________________ *(trabalhar em outra área, mudar para outra cidade, encontrar uma nova escola para meu filho, etc.). Para me ajudar a atingir esse objetivo, gostaria de convidá-lo para participar de uma sessão de reflexão e geração de idéias em minha casa no dia ___________, às ___ horas.*

Você pode também trazer um problema que gostaria de resolver. Será uma ótima oportunidade para pensarmos em idéias e recursos criativos que poderão ajudá-lo.

Se você tiver interesse em juntar-se a nós, enviarei todos os detalhes. Obrigado!

Toda vez que reúno um grupo para uma sessão de brainstorm me surpreendo com o nível de criatividade das pessoas e o empenho que demonstram em ajudar os outros.

Num dos meus workshops, conduzi uma dinâmica desse tipo e uma das participantes, Victoria, disse que sonhava com uma carreira que combinasse suas habilidades lingüísticas com sua paixão por viagens. Ela também adorava gastronomia, mas não sabia como tirar proveito disso. Imediatamente, o grupo lhe deu estas idéias:

1. Tornar-se intérprete em excursões e viagens.
2. Procurar emprego como guia de viagens.
3. Mandar o currículo para multinacionais que ofereçam algum tipo de serviço para ambientar funcionários transferidos de outros países e ajudar na sua adaptação.
4. Trabalhar como crítica de gastronomia para uma revista de viagens.
5. Pesquisar escolas de gastronomia na Europa.
6. Fundar uma empresa que levante informações sobre escolas, oportunidades de emprego e opções de moradia para pessoas que querem morar no exterior.
7. Tornar-se repórter de revistas ou cadernos especializados em viagem, escrevendo artigos sobre restaurantes em todo o mundo.

8. Tornar-se *courier* de uma empresa de entregas internacional.
9. Ensinar inglês em um país estrangeiro.
10. Pesquisar na internet 50 empregos potenciais que combinem viagens e idiomas.

Victoria ficou entusiasmada com as sugestões. Quando você reflete e gera idéias em grupo, as pessoas se sentem inspiradas e motivadas a ajudar – e acabam oferecendo o que têm de melhor. Isso faz a energia circular, permitindo um nível de criatividade cada vez maior. Resultado: todos ficam conectados por uma onda de entusiasmo que fortalece a crença de que tudo é possível.

Agora é a sua vez. Quando terminar a reunião com seus parceiros, anote em seu diário 10 idéias que o grupo lhe sugerir.

Entre em ação! Crie seu plano de ação

Agora que você preparou sua lista com 10 ou mais idéias, analise-as e selecione cinco delas para seu plano de ação. Se você se sentir inseguro, escolha os passos mais simples. Mas, se quiser ser audacioso, escolha as ações mais desafiadoras (provavelmente aquelas que você preferiria não fazer). Qualquer que seja sua abordagem, sempre que decidir efetuar mudanças, crie um plano de ação inicial com cinco etapas específicas e realizáveis. Escreva em seu diário o plano para monitorar seu progresso.

Opte por aquelas ações que façam você sentir um misto de nervosismo e entusiasmo. Como já disse antes, essas costumam ser as melhores escolhas.

Quando Victoria examinou sua lista de idéias, escolheu estas cinco para começar:

1. Contatar duas multinacionais para checar se precisam de intérpretes para viagens a negócios e também para ajudar

na ambientação de funcionários recém-chegados de outros países.
2. Pesquisar empregos como guia de viagens.
3. Pesquisar na internet empregos que combinem viagens e idiomas.
4. Comprar revistas e guias de viagem e gastronomia para entender que tipo de artigo poderia fazer abordando esses dois temas.
5. Entrar em contato com dois repórteres ou editores dessas áreas para coletar informações sobre seu trabalho.

Quais são as *suas* cinco ações? Escreva-as agora, como os alicerces de seu plano de ação.

Entre em ação! Preveja possíveis obstáculos e prepare-se para vencê-los

Antes de entrar em ação, você precisa se planejar. Isso significa prever os obstáculos que poderá encontrar pela frente e se preparar para vencê-los *antes* que apareçam. Analise atentamente suas cinco ações e responda às seguintes perguntas:

- *Quais "pedras" podem aparecer em meu caminho?*
- *Do que eu tenho medo?*
- *O que preciso fazer para me preparar para o sucesso?*

Depois de responder a essas perguntas, determine as atitudes que precisa tomar para garantir o sucesso de seu plano e acrescente-as ao topo da lista de ações.

Veja um exemplo. Imagine que você gostaria de redecorar sua casa para torná-la mais acolhedora. Você preparou um plano de ação e está pronto para começar o trabalho. Mas de repente prevê dois obstáculos: a falta de tempo e o medo de não conseguir fazer a decoração por conta própria. Para ser bem-sucedido, você acrescenta as seguintes ações ao topo de sua lista:

1. Deixar de ver TV ou de sair com os amigos duas ou três noites e dedicar esse tempo exclusivamente ao seu projeto.
2. Comprar revistas de design de interiores para avaliar se possui as habilidades necessárias para decorar sua casa.

Quando pedi que Victoria analisasse os possíveis entraves a seu plano de ações, ela disse: "Estou preocupada com meu marido. Não sei se ele vai concordar que eu tenha um trabalho em que precise viajar com freqüência. Além disso, terei de arrumar alguém para ficar com minhas filhas adolescentes." Essas eram duas informações vitais, duas pedras no caminho de Victoria. Como o apoio da família seria fundamental para o sucesso da sua empreitada, Victoria precisava acrescentar duas ações à lista para contornar esses obstáculos. Eis o que ela escreveu:

1. Sentar e discutir com meu marido meus objetivos e a questão de alguém ficar com as meninas.
2. Conversar com minha mãe sobre sua disponibilidade e vontade de me ajudar com minhas filhas.

Lidar com essas duas ações antes de tudo aumentaria as chances de Victoria dar prosseguimento a seu plano. Caso contrário, posso garantir que ela começaria a sabotar seu próprio sucesso. Freqüentemente não solucionamos de propósito dificuldades que podem nos impedir de alinhar nossas vidas com nossos valores. Ao considerar seus possíveis obstáculos e incorporá-los a seu plano de ação, Victoria não só se permitiu ter uma perspectiva mais realista como também aumentou sua motivação e entusiasmo. Sua nova lista ficou assim:

1. Sentar e discutir com meu marido meus objetivos e a questão de alguém ficar com as meninas.
2. Conversar com minha mãe sobre sua disponibilidade e vontade de me ajudar com minhas filhas.
3. Pesquisar na internet empregos que combinem viagens e idiomas.

4. Comprar revistas e guias de viagem e gastronomia para entender que tipo de artigo poderia fazer abordando esses temas.
5. Entrar em contato com dois repórteres ou editores dessas áreas para coletar informações e avaliar a possibilidade de escrever artigos como freelancer.

Entre em ação! Descubra os verdadeiros obstáculos

É importante saber distinguir um obstáculo real de um imaginário. Muitas vezes caímos em armadilhas da linguagem e não conseguimos identificar o verdadeiro entrave ao nosso sucesso. Por exemplo, minha cliente Mary disse que queria se tornar chef de cozinha e que seu obstáculo era o medo de falhar. Essa é uma resposta típica, por isso expliquei que o insucesso *fazia parte* de qualquer experiência. Perguntei a ela se já havia feito alguma coisa na vida que não tinha dado certo.

– Lógico – respondeu ela –, várias vezes.

– E o que você fez quando isso aconteceu? – perguntei.

– Tentei novamente até acertar.

– Muito bem, isso significa que você sabe lidar com o fracasso. Qual é, então, o verdadeiro obstáculo? – questionei a seguir.

Mary disse que era o medo de que os outros não gostassem da sua comida. Insisti e perguntei se alguém da sua família já havia provado um prato preparado por ela.

– Claro – ela retrucou –, eles adoram minhas "criações".

– E eles por acaso são de outro planeta? – falei, brincando.

Mary finalmente compreendeu aonde eu queria chegar e, rindo, procurou identificar o verdadeiro obstáculo. Por trás do medo generalizado, Mary tinha uma preocupação legítima de não possuir o conhecimento necessário para se tornar chef. Ao falar sobre isso, seus olhos enchiam-se de lágrimas, um indício de que havíamos chegado à raiz do problema. Quando identificou o obstáculo, ela entendeu que tinha condições de lidar com ele – o primeiro passo era simplesmente buscar se informar mais. Mary decidiu incluir "pesquisar escolas e cursos de culinária" no topo da sua lista de ações. O curioso é que no dia seguinte, ao folhear o jornalzinho do seu bairro, ela viu um anúncio de um curso de gastronomia francesa que começaria na semana seguinte num sofisticado bistrô perto da sua casa. Vendo isso como um sinal divino, ela se matriculou imediatamente.

O que *realmente* preocupa você? Releia o que escreveu sobre os obstáculos potenciais ao seu sucesso e então respondas às seguintes questões em seu diário:

- Esses obstáculos são *reais* ou um disfarce para algo mais profundo?
- Qual a raiz dessas preocupações?
- O que está *realmente* acontecendo?
- Anote em seu diário seus *verdadeiros obstáculos.*

EXERCITE SUA CORAGEM

Quem está se preparando para centrar a vida em torno de seus valores essenciais pode se deparar com várias dificuldades. O medo é o problema mais freqüente, mas, como você já começou a desenvolver sua coragem, deve vencer facilmente esse obstáculo. Costumamos pensar que o medo que sentimos ao iniciar uma nova empreitada vai nos acompanhar ao longo do processo ou mesmo se tornar pior. Mas, a cada passo que você toma na direção certa, seus músculos de coragem se fortalecem. Além disso, o entusiasmo provocado pela mudança tem o poder de neutralizar o medo. Cada ação bem-sucedida – não importa se foi um grande ou pequeno avanço – gera mais energia para você, motivando-o a seguir em frente e a atingir metas mais desafiadoras. Com o ânimo fortalecido, cada novo desafio parecerá mais fácil. Por exemplo, se você decidiu voltar a estudar, poderá descobrir que a vontade de aprender algo que lhe interessa será maior do que a preocupação inicial em não conseguir dar conta do desafio.

Muitas vezes, medo é um termo que usamos para definir outros tipos de obstáculos. Pode significar a falta de alguém que nos apóie, como no caso de Kathy, minha cliente. Ela queria largar o emprego e se mudar para uma cidade com o clima mais quente, mas estava preocupada porque dois amigos viviam apontando inúmeras razões para não fazer isso. Quase todos nós temos uma ou mais pessoas pessimistas à nossa volta que sempre vão nos "informar" que as coisas podem não dar certo. Quando alguém me fala desse tipo de obstáculo, vejo que o medo é, na verdade, a falta de alguém torcendo pelo seu sucesso.

No início de um processo de mudanças, você precisará do máximo de apoio e de boas notícias. Os primeiros passos da implementação de um plano são os mais vulneráveis. Nesse momento você precisará se resguardar, pedindo explicitamente que as pessoas façam apenas comentários positivos que fortaleçam sua determinação. Se você tem parentes ou amigos pessimistas, releia o capítulo 4 e use as habilidades que ensinei para lutar pelo que quer. Não desperdice seu tempo tentando convencê-los da viabilidade de seu plano, pois gente com esse tipo de personalidade geralmente se alimenta de conflitos para manter os dramas de suas vidas.

Aqui vai um conselho que recebi muito tempo atrás: *procure onde você sabe que vai encontrar*. Tenha a seu lado pessoas que torcem por você. Com o apoio de um círculo de amigos verdadeiros, que realmente querem o seu bem, você terá energia e motivação para transformar sua vida.

Entre em ação! Analise os fatos

Você se lembra de que uma das últimas ações de minha cliente Victoria foi contatar dois repórteres ou editores para obter mais informações sobre seu trabalho? Tradicionalmente usado por quem deseja mudar de emprego ou explorar novas oportunidades profissionais, esse é um passo muito útil também quando consideramos mudanças em outras áreas da vida. Conversar com as pessoas certas, que já fizeram o que você está planejando fazer, ajuda a superar o medo e a evitar os erros mais comuns, o que facilita muito a jornada.

Para agilizar a conversa e não abusar do tempo nem da boa vontade de ninguém, elabore uma lista de perguntas como essa:

1. Quais seriam as três etapas necessárias para implementar essa mudança?
2. Que tipo de habilidades preciso ter para mudar?
3. Em que devo investir inicialmente meu tempo e dinheiro?
4. Em que eu não deveria investir meu tempo e dinheiro?
5. Se você fosse fazer tudo novamente, o que faria diferente? Que erros eu devo evitar?
6. Quais foram seus principais altos e baixos nessa atividade? Como posso me preparar para enfrentá-los?
7. Você recomenda que eu fale com mais alguém antes de iniciar meu projeto?

Depois de conversar com as pessoas certas, você terá muitas informações a considerar. Sendo assim, use seu diário para responder às seguintes perguntas:

1. Como me sinto depois de reunir essas informações? Ainda desejo continuar com meu plano ou tenho alguma restrição?
2. Como devo me preparar física e emocionalmente?
3. Considerando o que aprendi até agora, haveria uma área ou direção diferente que eu deveria considerar?
4. Devo conversar com alguém mais? Com quem?

Ao conversar com esses profissionais, anote em uma folha de papel outras atitudes que você deverá tomar e as acrescente depois a seu plano de ação. Isso vai ajudá-lo a colocá-las em prática.

Depois de elaborar seu plano, prever os possíveis obstáculos, descobrir como lidar com eles e colher as informações apropriadas, chegou a hora de agir.

Entre em ação! Siga em frente!

Seus valores estão claros, os passos de seu plano determinados, os obstáculos identificados. Agora, MEXA-SE! Elabore um quadro em seu diário usando o formato abaixo como modelo. Isso vai ajudá-lo a monitorar seu progresso. Anote cada ação, o prazo que você tem para realizá-la e quaisquer informações ou ações adicionais.

Seu plano de ação:

Ação	*Prazo de realização*	*Ações / Informações adicionais*	*Concluída em*
1.			
2.			
3.			
4.			
5.			

Por exemplo, se você gostaria de iniciar um novo relacionamento e vai participar de um encontro de solteiros, anote isso no primeiro campo. Ao conversar com outras pessoas, participar de uma sessão de geração de idéias ou coletar qualquer outro tipo de dados, anote no terceiro campo. À medida que for avançando, você estará pronto para criar outros cinco passos e continuar seguindo em frente. Mostre seu plano de ação para seu parceiro ou grupo de apoio. Lembre-se de que comprometimento e prazo são seus maiores aliados agora.

Esse processo não é um experimento científico ou algo controlável. Depois de identificar o que precisa ser feito, *fazê-lo* é geralmente o problema. O objetivo deste programa é estabelecer uma rotina regular e constante de reavaliação e atualização de seu plano. Sugiro que uma vez por semana você se sente e pense sobre os resultados. Assim, ao acompanhar seu progresso e visualizar os frutos de seu trabalho, você se manterá motivado a continuar agindo.

Comprometa-se a realizar pelo menos uma ação por semana. Se você tem uma agenda cheia de compromissos, não deixe a falta de tempo ser um problema: divida um passo em passos menores! Por exemplo, se você não tem tempo para fazer um curso de design de interiores, compre um livro e comece a estudar sozinho. O importante é fazer todo o possível para seguir em frente e viver de acordo com seus ideais.

Só mais um lembrete: quando se sentir vacilante, peça orientação a alguém. Faça disso um hábito sempre que perceber que não sabe muito bem como agir. Qualquer obstáculo pode ser vencido com apoio. Também é importante não esquecer que você cometerá erros – muitos erros. Não seja duro com você mesmo. Esse é um processo de crescimento para a vida toda e, ao embarcar nessa jornada, é natural que você eventualmente se afaste um pouco do caminho. Deixe que os erros apontem o rumo certo.

Por fim, ao viver de acordo com seus valores, você ativará um apoio divino que o alinhará com o universo e lhe abrirá muitas portas. Um exemplo marcante disso aconteceu com uma cliente chamada Paula, que sonhava abrir um bufê. O problema era que, para isso, ela precisaria de uma cozinha industrial com espaço para estocar grandes quantidades de alimentos. Durante uma sessão de reflexão e geração de idéias, sugeriram que ela procurasse uma cozinha industrial, talvez de um restaurante ou de um centro comunitário, que estivesse desativada. Paula decidiu visitar um parque onde eram organizados acampamentos de verão para as crianças. Ela descobriu que o parque tinha uma cozinha industrial enorme mal aproveitada. Embora acreditasse que suas chances eram quase nulas, ela resolveu perguntar sobre a possibilidade de alugar parte do espaço.

Para sua surpresa, a administração do parque lhe disse que poderia usar a cozinha em troca de aulas de culinária para os funcionários, que, durante as aulas práticas, ainda poderiam lhe dar uma mãozinha no bufê. Paula estava surpresa. Não tendo qualquer outra desculpa, começou a pôr seu plano em prática.

Preste atenção nos sinais, eles estão por toda parte: um pressentimento para telefonar para uma pessoa, uma surpreendente sugestão, uma idéia fantástica nas páginas de uma revista. Entre em ação ao receber alguma dessas "dicas". Elas nada mais são do que portas divinas que se abrem para você!

8

CRIE UMA VISÃO MAIS AMPLA PARA SUA VIDA

TER UMA VIDA COM PROPÓSITO CRIARÁ em você o desejo e a capacidade de contribuir para um mundo melhor. A coisa mais importante que aprendi nos últimos 10 anos é que nada é mais gratificante do que usar nossos dons para melhorar o mundo à nossa volta. Seja lutando por justiça social, criando um filho para ser um adulto íntegro ou tratando as pessoas com gentileza, você tem o papel de tornar a vida mais significativa para todos.

Hoje, mais do que nunca, sabemos que pertencemos a uma comunidade global, e cada um de nós precisa ter consciência dessa conexão e lutar pela dignidade de todos os seres humanos. Como já disse anteriormente, podemos fazer alguma diferença no universo ao fazer diferença em nossa própria vida. Você desenvolveu coragem, confiança e atitude não só para ter uma vida que honra seus valores, mas também para trazer algo de positivo para os outros. Tendo realizado sua tarefa divina, você já está pronto para o passo mais importante.

Dez anos atrás, meu primeiro consultor e treinador pessoal fez uma pergunta que me motivou a pensar além de minhas metas pessoais e criar uma visão mais ampla para minha vida:

– Cheryl, pense em seus valores e no trabalho que gostaria de realizar. O que você deseja para as outras pessoas? – ele perguntou.

– Quero que as pessoas saibam que elas têm o poder de escolher como querem viver suas vidas – respondi imediatamente.

Ao ouvir minha resposta, ele me desafiou a ser mais específica.

– Do que as pessoas precisam para saber que têm esse poder?

– Elas precisam sentir que têm a força interior necessária para fazer escolhas que lhes permitirão viver como querem – eu disse.

A questão era como eu poderia ajudar as pessoas a se sentirem donas de sua força interior e capazes de implementar mudanças que melhorariam sua qualidade de vida. Criei, então, uma declaração que continua a guiar meu trabalho até hoje:

"Quero que as pessoas tenham todas as ferramentas e os recursos práticos para que possam ter vidas autênticas e de qualidade."

Ao ampliar sua visão, você toma a decisão de pensar além de si mesmo, se preocupando menos com ganhos pessoais e mais com os benefícios que pode trazer para os outros. Isso não significa que você não vai mais pensar em suas próprias necessidades. Ao contrário, é importante continuar a cuidar de si mesmo para que a doação seja desinteressada e genuína. Dessa forma, ajudar as pessoas se torna uma experiência sagrada.

E, quando você opta por fazer isso, ganha a coragem e a determinação que alimentarão seus esforços. Por exemplo, quando meu cliente Rich perdeu o irmão, vítima de uma overdose, ele se viu desafiado a vencer um de seus maiores medos: falar em público. Alguns meses depois da morte do irmão, Rich foi convidado a dar uma palestra numa escola sobre os riscos das drogas e a experiência de perder um ente querido por causa do vício. Rich aceitou o convite e superou a timidez, visando evitar tragédias como a que sua família tinha vivido. Uma visão mais ampla permitiu que meu cliente dominasse seu medo.

Entre em ação! Crie uma visão mais ampla para sua vida

Para criar uma visão mais ampla, você precisa identificar a melhor maneira de ajudar os outros. Se pudesse curar algum dos males do mundo, qual você curaria? Se você pudesse dar alguma contribuição para sua comunidade, o que faria? O que você deseja para os outros?

Pense nestas perguntas com calma e escreva respostas bem específicas em seu diário:

1. O que eu desejo para as pessoas?
2. Do que elas precisam para conseguir aquilo que desejo para elas?
3. Como posso ajudá-las a obter isso?

Responda à última pergunta com base em seus quatro valores essenciais. Como você poderia usá-los para servir à sua visão? Quando você alinha seus valores com sua contribuição ao mundo, gera uma poderosa força positiva.

Depois de ter respondido às questões acima, escreva sua declaração de visão:

O que eu desejo para as pessoas é...

Sua visão pode mudar com o tempo. Não deixe de revisá-la sempre que for necessário. A seguir, crie um lembrete visual poderoso e significativo para você, como uma mensagem na proteção de tela de seu computador. Apesar de parecer simples, registrar essa declaração poderá operar milagres tanto na sua vida quanto na dos outros.

Quando você decide investir em seu desenvolvimento interior, uma força divina é ativada para apoiar seus esforços. Essa mesma força lhe abrirá portas sempre que você realizar a visão que criou para sua vida. A partir da declaração que escreveu, tome iniciativas efetivas para realizá-la. Você terá a sensação de estar sendo gentilmente levado pela correnteza na direção que deseja.

Meu amigo Andrew Carroll sentiu exatamente isso. Em 1989, ele estava no primeiro ano de faculdade e tinha grandes planos. Queria estudar Letras, depois ir para Los Angeles e tornar-se produtor de cinema. Sua meta principal era ganhar muito dinheiro.

Pouco antes do Natal, quando se preparava para as provas finais, Andrew recebeu um telefonema do pai dizendo que a casa da família havia sido destruída por um incêndio e que eles tinham perdido tudo.

Ao receber essa terrível notícia, Andrew se surpreendeu com sua reação. Sua maior angústia não foi ter perdido os bens materiais acumulados ao longo da vida – CDs, roupas e livros –, e sim as cartas que tinha recebido de parentes e amigos e que eram insubstituíveis.

O incêndio levou Andrew a fazer uma viagem espiritual que abriu seu coração. Ele começou a reavaliar seus objetivos. Será que enriquecer era tão importante assim? Ele estava passando tempo suficiente com as pessoas de quem gostava? Como suas ambições poderiam fazer alguma diferença na vida dos outros?

No início do ano seguinte, Andrew decidiu trabalhar como voluntário em um abrigo para os sem-teto e iniciou um projeto chamado Um Natal Melhor. Ele fez um apelo para que todos doassem brinquedos, livros e outros itens para os desabrigados. A comunidade se mobilizou, e o volume de doações foi muito maior do que ele jamais imaginara. Ao relembrar aquele evento, Andrew disse: "Quando as remessas começaram a chegar, fiquei comovido com tanta generosidade. Foi uma sensação maravilhosa conseguir unir as pessoas para ajudar quem precisava."

Andrew começou a refletir sobre como poderia combinar seus *valores* com sua *visão.* Pensando nas cartas que perdera no incêndio, ele passou a incentivar as pessoas a trocar correspondência com seus amigos e parentes e lançou o Projeto Legado, com a idéia de reunir cartas com significado histórico e depois compartilhá-las. Andrew colocou um anúncio no jornal em busca de correspondências valiosas e recebeu mais de 50.000 respostas!

A maioria das cartas que Andrew recebeu era da época da guerra. Nos três anos seguintes, ele separou as mais comoventes, vindas de diversas partes do mundo, e resolveu publicá-las para mostrar como aquela troca de palavras tinha mudado vidas e ajudado a curar, inspirar, oferecer esperança e expressar amor.

Em maio de 2001, ele lançou *War Letters* (Cartas de guerra) e doou todo o dinheiro arrecadado com a venda do livro para organizações sem fins lucrativos que lutam pela paz e amparam veteranos de guerra.

Quando lhe perguntei como sua jornada pessoal se transformara em uma empreitada global, Andrew respondeu: "Eu nunca tive um plano grandioso. Quanto mais eu trabalhava, mais portas se abriam, difundindo minha mensagem pelo mundo. Mantendo meu compromisso com minha visão, o projeto ganhou vida própria e tudo se encaixou."

PONHA SUA VISÃO EM AÇÃO

Ao entregar-se de coração à sua visão, você será capaz de alinhá-la com seus valores e desenvolver um plano de ação. Você não precisa de um plano perfeito ou de uma idéia genial. Tudo o que tem a fazer é entrar em ação. Escolha um projeto que seja baseado em seus princípios fundamentais e que lhe permita expressar sua visão plenamente. Por exemplo, minha cliente Ashley tem "a natureza" como um de seus valores e criou a seguinte declaração:

"Desejo que as pessoas vivam em um mundo limpo e saudável."

Ashley criou um projeto simples. Toda manhã, quando sai para caminhar, ela leva um saco plástico e recolhe qualquer tipo de lixo que encontra pela rua. Ela chama seu projeto de Operação Limpeza e assim contribui para um meio ambiente mais limpo. Quando algum amigo a acompanha, ela exige que leve um saco também!

Entre em ação! Crie um projeto baseado em seus valores

Revise sua declaração de visão e pense nas ações que precisa iniciar para colocá-la em prática. Se não estiver certo sobre o que deve fazer, peça idéias a seu parceiro ou grupo de apoio. Compartilhe sua declaração e seus valores com as pessoas – quem sabe até realizando uma sessão de reflexão e geração de idéias.

Comece da seguinte maneira:

1. Escolha um projeto.
2. Dê um nome a ele.
3. Use as três fases descritas no capítulo 7 para elaborar seu plano de ação:
    - Reflita, gere idéias e elabore um plano de ação.
    - Preveja possíveis obstáculos e prepare-se para vencê-los.
    - Aja.

Comece com pequenos passos e não se preocupe em fazer tudo de forma perfeita. Mantenha o foco. Para inspirá-lo, apresentarei alguns exemplos de pessoas que estão fazendo diferença no mundo ao usar seus valores com eficiência.

Lorraine White cresceu sem modelos positivos, "sobrevivendo" ao longo da infância e adolescência em um ambiente estressante. Aos 30 anos, quando seu casamento passava por uma crise, procurou ajuda de um terapeuta. Essa foi uma experiência enriquecedora, pois o médico se tornou um espelho das principais qualidades e dons que Lorraine possuía. A partir dessa atitude que mudou sua vida, Lorraine decidiu oferecer aos outros o mesmo tipo de apoio, com uma idéia bastante simples: dar exemplos positivos às crianças.

Refletindo seu principal valor, "amor", Lorraine fundou uma organização sem fins lucrativos chamada Future Possibilities (Possibilidades futuras), que oferece orientação e programas extracurriculares para crianças. Mais de 300 orientadores fazem um trabalho individual com as crianças, ajudando-as a desenvolver confiança e auto-respeito para que se tornem adultos dignos. Nos últimos oito anos, mais de 250 empresas tornaram-se parceiras da Future Possibilities e ajudam a difundir o programa em diferentes localidades dos Estados Unidos e do Canadá.

Alan Clements teve uma idéia criativa para expressar o valor "liberdade". No início dos anos 1960, ele desistiu de uma bolsa integral para o curso de Direito da Universidade da Virgínia e se matriculou na Universidade Budista Americana, no Colorado. Depois do curso, estudou Meditação na antiga Birmânia por 10 anos até se tornar um monge budista. Forçado pela ditadura militar a deixar sua família espiritual, ele iniciou uma busca pessoal por liberdade que logo se transformou numa campanha por justiça.

Alan empenhou-se em tornar pública a luta pacifista por liberdade no país e publicou vários livros, incluindo *The Voice of Hope* (A voz da esperança), em co-autoria com Aung San Suu Kyii, líder da luta pelos direitos humanos e pela democracia birmanesa e ganhadora do Prêmio Nobel da Paz. A partir de então, seu apoio à Birmânia deu início a uma campanha internacional pelos direitos humanos.

Seja entrando na política, implantando um programa de reciclagem em sua cidade, visitando uma clínica de repouso para idosos ou colaborando com um abrigo para crianças carentes, sua contribuição é muito importante. Mãos à obra! Comece seu projeto hoje mesmo!

APÓIE O SUCESSO DOS OUTROS

Outra maneira de fazer bem à humanidade é apoiar o sucesso dos outros. Tendo consciência da importância de expressar sua força interior e de proteger seus sonhos, você sabe que fazer o mesmo pelas pessoas é um importante passo. Você pode, por exemplo, sugerir a um parente que pare de esconder sua força ou inspirar um amigo a lutar por um sonho. Também pode usar o jogo Enfrentando Seu Medo com alguém que precisa desenvolver sua coragem. Aqui estão outras opções que você pode implementar:

- Ofereça ajuda. Apóie os sonhos e metas dos outros colocando-se à disposição para participar de uma sessão de reflexão e geração de idéias ou para fornecer outros recursos necessários.
- Enfatize o que dá certo. Quando um amigo, parente ou colega de trabalho tem a coragem de compartilhar um sonho, exaltar as qualidades de seu plano de ação contribui para esses fatos se tornarem realidade. Evite a crítica e a negatividade. Destaque os pontos positivos e o que dá certo, em vez de se concentrar nos obstáculos.

- Elimine o sarcasmo e a provocação de seu vocabulário. Aprenda a procurar e reconhecer os pontos fortes e os talentos dos outros.
- Torne-se um "irmão mais velho".
- Recuse-se a participar de qualquer tipo de fofoca.
- Mude o tom das suas conversas do sofrimento para o sucesso. Por exemplo, quando visitar amigos, fale sobre o que está dando certo em sua vida e estimule-os a fazer o mesmo.
- Crie um grupo de apoio.
- Seja o mentor de um colega que está batalhando por algo.
- Dê aulas de reforço ou ajude algum jovem com dificuldade nos estudos.

Agora que você já sabe que tudo o que diz e faz pode causar impacto no futuro de alguém, o que mudará em seu comportamento?

Entre em ação! Eleve o moral de alguém

Tome uma decisão consciente de apoiar alguém. Escolha a pessoa e anote o nome dela em seu diário. Agora, decida como você vai ajudá-la. Escreva três exemplos do que pode fazer, estabelecendo um prazo para cada ação. Lembre-se de colocar um lembrete sobre isso em sua agenda!

Passe mais tempo com um colega de trabalho que precisa da sua ajuda num projeto específico. Determine-se a reconhecer as qualidades das pessoas todos os dias. Você pode fazer coisas simples, como visitar um vizinho idoso que mora sozinho, trocar uma lâmpada ou fazer compras para ele. Mesmo sabendo que a maioria de nós leva vidas bastante ocupadas, não podemos nos esquecer do que realmente importa: nossa conexão com os outros.

Além de incentivar o sucesso e o bem-estar, outra maneira de criar um futuro melhor para todos é investir no desenvolvimento pessoal e espiritual das crianças. Utilizando nossas habilidades para influenciar positivamente a vida das novas gerações, contribuiremos para um mudo mais pacífico e sustentável. Vamos analisar algumas ações práticas que podem fazer diferença na vida das crianças.

ENSINANDO AS CRIANÇAS A USAREM SUA FORÇA INTERIOR

Uma das contribuições mais significativas que podemos dar ao mundo é ensinar as crianças a usarem sua força interior para direcionar suas vidas. Ensine as habilidades que desenvolveu ao longo deste livro e as orientações específicas que contribuam para o desenvolvimento da confiança e da auto-estima.

Seja você pai, mãe, tio, tia, professor, professora, avô ou avó, conscientize-se das regras que deve reforçar. Você pode começar por aquelas que citei na introdução deste livro. Vamos relembrar:

Pare de se desculpar se você não fez nada de errado.
Seja corajoso.
Pense grande.
Tenha ambições na vida.
Não seja modesto.
Faça com que os outros o vejam e o escutem.
Entusiasme-se com tudo.
Tenha orgulho de quem você é e do que sabe.
Tenha sempre grandes expectativas.
Lute pelo que quer.

Todos os dias, temos oportunidades de reforçar o uso dessas regras. Minha irmã Donna incentiva seus dois filhos, Tommy e John, a não serem modestos e entusiasmarem-se com tudo. Outro dia, ela estava orgulhosa por Tommy ter se classificado entre os melhores alunos da escola. Quando ele ficou envergonhado diante dos elogios, Donna o encorajou, lembrando que ele havia se esforçado muito e não deveria minimizar suas conquistas.

Pense nas novas regras que vai estimular entre as crianças que fazem parte de sua vida. Talvez queira discuti-las com toda a sua família para que todos possam praticá-las. Se você não tiver filhos, esforce-se em apoiar os pais e mães que conhece.

Aprendi que não há nada mais desafiador ou compensador do que criar um filho. Educá-lo é, por si só, uma visão mais ampla de vida. Minha outra irmã, Michelle, vê a maternidade como uma importante forma de contribuição: "Tenho o compromisso de ensinar meus três filhos a viver com coragem e integridade. Quero que eles se sintam seguros e que os outros saibam que podem confiar neles. Minha missão é proteger seus espíritos e encorajá-los a ver a vida por seus próprios olhos e não pelos dos outros. Se eu conseguir fazer isso, tenho certeza de que contribuirei para um mundo melhor com três adultos amorosos e sensíveis."

Quando pedi a Michelle que identificasse a coisa mais importante que precisava fazer para honrar seus valores e sua visão, ela disse: "Quando me tornei mãe, todas as minhas fraquezas e problemas não resolvidos vieram à tona. Para me tornar a melhor mãe que eu poderia ser, resolvi lidar com eles. A maior ajuda que posso dar aos meus filhos é me manter comprometida com o meu próprio desenvolvimento. Assim, fico mais consciente dos comportamentos e crenças saudáveis que quero passar para eles."

Conversei com muitos pais sobre esse assunto e gostaria de sugerir algumas maneiras de exercer uma influência positiva sobre as crianças:

- Proteja a sensibilidade e o espírito delas, qualidades freqüentemente massacradas em nossa sociedade. Seja um modelo de limites sadios.
- Ensine autodisciplina e paciência, encorajando-as a avaliar as circunstâncias antes de reagir a situações difíceis. Isso as ajudará a se conscientizarem de como suas ações podem afetar os outros.
- Ajude as crianças a desenvolver um relacionamento sólido com uma força maior. Crie rituais diários ou semanais que introduzam as crenças espirituais de sua família.
- Ensine-as a ver os erros como trampolins para o sucesso. Incentive-as a se aceitarem e desenvolverem um bom relacionamento com seus aliados interiores por meio do diálogo, da dramatização ou de desenhos.
- Ensine as crianças a encontrar a coragem necessária para ver o mundo por seus próprios olhos.
- Mostre o valor da contribuição e da ajuda aos outros. Você pode estimulá-las a doar seus brinquedos ou levá-las com você quando fizer algum trabalho voluntário.
- Reconheça as qualidades das crianças e ressalte-as regularmente. Quando estiverem brincando ou jogando, mencione sua criatividade, inteligência ou senso de humor. Assim você as ensinará a reconhecer as qualidades dos outros também.
- Ensine-as a ser gentis com os outros. Não permita provocações, conversas depreciativas sobre as pessoas ou qualquer tipo de violência física. Ajude-as a respeitar e compreender as diferenças, dando exemplos concretos de um comportamento tolerante.

O mais importante é amar as crianças incondicionalmente, não pelo que fazem ou dizem, mas pelo que são. Este é um direito que adquirimos ao nascer.

Pratique uma dessas sugestões todos os dias e você causará um efeito altamente positivo nas crianças que fazem parte da sua vida. Anos atrás, tive uma conversa com um psicólogo especializado em adultos com traumas de infância. Ele ressaltou que, mesmo tendo a pior criação possível, uma criança pode ter o rumo de sua vida totalmente alterado se interagir com pelo menos um adulto emocionalmente sadio por dia. Jamais me esqueci daquela conversa. Nunca sabemos quando podemos ser essa pessoa.

DEIXE UM LEGADO PESSOAL

O programa descrito neste livro promove um processo contínuo de mudanças. Um trabalho sem fim, cujas recompensas são igualmente infinitas. Você se sentirá desafiado a usar o que aprendeu aqui em cada novo estágio de crescimento que vivenciar. Sempre que precisar se lembrar de que possui tudo o que necessita para levar a vida que deseja, leia as orientações abaixo.

1. Saiba quem você realmente é. Invista em um relacionamento forte e permanente consigo mesmo, mantendo-se conectado com sua vida interior.
2. Pare de esconder sua força. Deixe seus pensamentos, palavras e ações expressarem sua verdadeira essência.
3. Lute por si mesmo. Fortaleça seus relacionamentos dizendo a verdade com respeito e consideração.
4. Desenvolva sua coragem. Enfrente o medo e utilize os desafios para tornar-se ainda mais forte.
5. Não aceite nada menos do que o melhor. Mantenha seus valores espirituais elevados para valorizar suas necessidades e desejos.

6. Honre seus valores, fazendo escolhas que alinhem sua vida com os princípios que realmente importam.
7. Associe suas metas pessoais a uma visão mais ampla que lhe permita fazer alguma diferença no mundo.

Continue a utilizar essas habilidades e você sentirá a profunda alegria e satisfação de realizar sua tarefa divina: a missão que lhe permite expressar todo o seu potencial. Seu desenvolvimento lhe dará a coragem e a confiança necessárias para deixar um legado pessoal e, assim, tornar este mundo um lugar melhor para as futuras gerações.

Ao apoiar o sucesso dos outros, você chegará ao fim de sua vida sabendo que sua presença e seu amor fizeram alguma diferença. Não há dom maior. A capacidade de deixar uma marca poderosa e positiva está ligada ao seu comprometimento com o trabalho interior – o trabalho que lhe permite lutar por sua vida!

Informações sobre os próximos lançamentos

Para receber informações sobre os lançamentos da EDITORA SEXTANTE, basta cadastrar-se diretamente no site www.sextante.com.br

Para saber mais sobre nossos títulos e autores, e enviar seus comentários sobre este livro, visite o nosso site www.sextante.com.br ou mande um e-mail para atendimento@esextante.com.br

EDITORA SEXTANTE
Rua Voluntários da Pátria, 45 / 1.404 – Botafogo
Rio de Janeiro – RJ – 22270-000 – Brasil
Telefone (21) 2286-9944 – Fax (21) 2286-9244
E-mail: atendimento@esextante.com.br